Informatik aktuell

Herausgeber: W. Brauer
im Auftrag der Gesellschaft für Informatik (GI)

Peter Holleczek
Birgit Vogel-Heuser (Hrsg.)

Mobilität und Echtzeit

Fachtagung der GI-Fachgruppe
Echtzeitsysteme (real-time)
Boppard, 6./7. Dezember 2007

Herausgeber

Peter Holleczek
Regionales Rechenzentrum
der Universität Erlangen-Nürnberg
Martensstraße 1, 91058 Erlangen
holleczek@rrze.uni-erlangen.de

Birgit Vogel-Heuser
Universität Kassel
Fachgebiet Eingebettete Systeme
Fachbereich Elektrotechnik/Informatik
Wilhelmshöher Allee 73, 34121 Kassel
vogel-heuser@uni-kassel.de

Programmkomitee

R. Arlt	Hannover	P. Holleczek	Erlangen
R. Baran	Hamburg	H. Kaltenhäuser	Hamburg
J. Bartels	Krefeld	R. Müller	Furtwangen
J. Benra	Wilhelmshaven	G. Schniedermeier	Landshut
F. Dressler	Erlangen	D. Sauter	München
H. Frank	Furtwangen	U. Schneider	Mittweida
W. Gerth	Hannover	B. Vogel-Heuser	Kassel
W. Halang	Hagen	H. Windauer	Lüneburg
H. Heitmann	Hamburg	D. Zöbel	Koblenz

Bibliographische Information der Deutschen Bibliothek
Die Deutsche Bibliothek verzeichnet diese Publikation in der Deutschen Nationalbibliografie;
detaillierte bibliografische Daten sind im Internet über http://dnb.ddb.de abrufbar.

CR Subject Classification (2001): C3, D.4.7

ISSN 1431-472-X
ISBN 978-3-540-74836-6 Springer Berlin Heidelberg New York

Springer Berlin Heidelberg New York
Springer ist ein Unternehmen von Springer Science+Business Media

springer.de

© Springer-Verlag Berlin Heidelberg 2007

Satz: Reproduktionsfertige Vorlage vom Autor/Herausgeber
Gedruckt auf säurefreiem Papier   SPIN: 12119943   33/3180-543210

Mobilität und Echtzeit – ein Vorwort

Der Begriff der Mobilität liegt mitten im hart umkämpften Spannungsfeld zwischen purer Notwendigkeit und Ressourcenverbrauch. Man kommt nicht darum herum: Deutschland als europäisches Transitland, als automobile Nation mit Fahrzeugherstellern im Spitzensegment und mit einem sich eben erst entspannenden Arbeitsmarkt, ist davon besonders betroffen.

Einerseits muss man mobil sein, um einen Arbeitsplatz zu gewinnen oder zu sichern, andererseits bringt der übermäßige Ressourcenverbrauch uns alle einer Klimakatastrophe näher und unser Land in außenpolitische Zwickmühlen. Insofern ist klar, dass man heute bei "Mobilität" in erster Linie ans Auto und an andere Verkehrsmittel denkt. Dazu kommt noch die Sorge, wie es mit der persönlichen Mobilität im Alter, bei Gebrechen z.B., aussieht: werden wir selbst einmal robotergestützte Mobilitätshilfen brauchen?

Muss man sich bei so vielen philosophischen Gedanken fragen, ob der Fachgruppe nicht ihr technisches Selbstverständnis abhanden gekommen ist?

Nein, ganz im Gegenteil: Bewegung bzw. deren Kontrolle ist eine zuinnerst echtzeittypische Problemstellung. Wer denkt schon daran, dass er "beim Gasgeben" auf ein Potentiometer tritt? Umweltschonende Antriebe lassen sich nur noch mit ausgeklügeltem Einsatz von Steuerelektronik verwirklichen. Harte Anforderungen an Zeit und Sicherheit sind gefragt, denn es geht um Hilfestellung für Menschen. Die Aufgabe der Fachgruppe ist hier zu beobachten, ob und wie alles technisch Mögliche zur Aufrechterhaltung und Verbesserung der Mobilität getan wird.

Insofern wundert es nicht, dass auf breiter Front Beiträge eingegangen sind, die sich leicht zu einem Programm zusammenfügen. Insbesondere freut uns, dass sich mit Audi ein renommierter Kfz-Hersteller in besonderer Weise engagiert hat.

Die eingegangenen Beiträge beziehen sich auf diverse Aspekte der Mobilität, vordringlich natürlich im Kraftfahrzeugbereich, z.B.

- Kommunikation im Auto (Feldbus, Flexray)
- Steuergeräte
- Flottenkommunikation
- Fahrassistenz
- Satellitenkompass in der Binnenschifffahrt
- Wetterdaten für den Flugbetrieb
- zweibeinige Roboter.

Der Technikeinsatz muss natürlich durch Grundsatzuntersuchungen vorbereitet und abgesichert werden. Daher freuen wir uns, Ihnen Grundsatzbeiträge über Echtzeitsysteme, wie z.B.

- Verhaltensbeschreibung
- kontrollflussunabhängige Beschreibung
- Sensornetze
- Simulationen
- Modelltransformation zwischen Simulation und Steuerung

präsentieren zu können.

So ist   das Programm wieder eine runde Sache geworden. Wir wünschen den Tagungsteilnehmern informative Stunden und einen regen Gedankenaustausch. Mit dem Springer-Verlag verbindet uns eine lange Tradition der Zusammenarbeit, von der wir auch in diesem Jahr profitieren. Zum Gelingen beigetragen haben die Firmen ARTiSAN, ESD und Werum, bei denen wir uns herzlich bedanken.

Für die Fachgruppen-Leitung und das Redaktionskollegium

Peter Holleczek   Birgit Vogel-Heuser

September 2007

Inhaltsverzeichnis

Systeme und Netze

pimoto — Ein System zum verteilten passiven Monitoring von
Sensornetzen 1
R. Nebel, A. Awad, R. German, F. Dressler

Zeitgesteuerte und selbstorganisierende Fahrzeug-zu-Fahrzeug-
Kommunikation auf Basis von Ad-hoc-WLAN 11
M. Munstermann, H.H. Heitmann

Highly Dynamic and Adaptive Traffic Congestion Avoidance in
Real-Time Inspired by Honey Bee Behavior 21
*H.F. Wedde, S. Lehnhoff, B. van Bonn, Z. Bay, S. Becker, S. Böttcher,
C. Brunner, A. Büscher, T. Fürst, A.M. Lazarescu, E. Rotaru,
S. Senge, B. Steinbach, F. Yilmaz, T. Zimmermann*

Entwicklung (1)

Leistungsmessungen zum Einsatz der J2EE Technologie für
Feldbussimulationen 32
T. Garrels, H. Jürgens, U. Schmidtmann, G. von Cölln

Echtzeit- und Regelungstechnische Aspekte bei der automatischen
Transformation von Matlab/Simulink in SPS-basierten Steuerungscode .. 42
G. Bayrak, A. Wannagat, B. Vogel-Heuser

Entwicklung (2)

Konsistente Verknüpfung von Aktivitäts-, Sequenz- und
Zustandsdiagrammen 49
L. Ebrecht, K. Lemmer

Atomic Basic Blocks 59
F. Scheler, M. Mitzlaff, W. Schröder-Preikschat

Praxis und Ausbildung

FAUST: Entwicklung von Fahrerassistenz- und autonomen Systemen 69
S. Pareigis, B. Schwarz, F. Korf

Nutzung von FlexRay als zeitgesteuertes automobiles Bussystem im
AUTOSAR-Umfeld 79
S. Reichelt, K. Schmidt, F. Gesele, N. Seidler, W. Hardt

Echtzeitsystem für einen zweibeinigen Roboter mit adaptiver
Bahnplanung   88
M. Seebode, W. Gerth

Fahrzeuge und Verkehr

Effizientes und ausfallsicheres Management von Wetterdaten für den
Flugbetrieb   98
R. Pretzsch, A. Römer, R. Baumgartl

Kapselung sicherheitskritischer Funktionen in automobilen
Steuergeräten   107
D. Eberhard

Echtzeitfähigkeit von Satellitenkompassen in der Binnenschifffahrt   117
G. Haberkamp, D. Zöbel

pimoto – Ein System zum verteilten passiven Monitoring von Sensornetzen

Rodrigo Nebel, Abdalkarim Awad, Reinhard German, Falko Dressler

Rechnernetze und Kommunikationssysteme, Universität Erlangen-Nürnberg

Kurzfassung. Im vorliegenden Beitrag stellen wir ein Monitoringkonzept für drahtlose Sensornetze und eine Implementierung speziell für eine Architektur bestehend aus Sensorknoten des Typs *BTnode* vor. Die hierarchisch aufgebaute Architektur ermöglicht das verteilte passive Monitoren des anfallenden Datenverkehrs innerhalb eines oder mehrerer drahtloser Sensornetzen. Die Analyse des anfallenden Datenverkehrs findet über ein eigens entwickeltes Plugin für das Netzwerkanalyse-Tool *Wireshark* statt. Um diese Funktionalität unseres Werkzeugs zu veranschaulichen, haben wir abschließend einen Versuch durchgeführt, dabei die Vorgehensweise beschrieben, die Ergebnisse erörtert und zugleich auch die Bedeutung des Tools für die Lehre aufgezeigt.

1 Einleitung

Die Popularität von vernetzten eingebetteten Systemen ist in den letzten Jahren stark gestiegen. Ein hervorstechendes Beispiel sind drahtlose Sensornetze. Im Allgemeinen versteht man unter Sensornetzen den losen selbstorganisierten Verbund kleiner eingebetteter Systeme, welche, mit Sensoren und Radioschnittstellen bestück, ein Ad hoc Netzwerk aufbauen, um Messdaten z.B. zu einer Senke (Analysestation) zu transportieren.

Die im Bereich drahtloser Sensornetze eingesetzten Kommunikationsmethoden sind sehr komplex. Daher ist das Verhalten des Gesamtnetzes oft schwer vorherzusagen. Gerade im Bereich der Entwicklung neuer Methoden werden daher Möglichkeiten der Analyse und des Debuggings von Kommunikationsmethoden benötigt. Da für das Debugging eingebetteter Systeme im Allgemeinen ein direkter Zugang zu den einzelnen Systemen benötigt wird, ist dies in größeren Netzen schwer oder gar nicht mehr realisierbar (gerade da auch mehrere Knoten synchron beobachtet werden müssen). Weiterhin besteht auch im Betrieb eines Sensornetzes oft der Anspruch, Kommunikationsverbindungen zu beobachten, um Fehlerzustände zu erkennen oder Systemparameter zu optimieren. In dieser Arbeit wird ein System zum passiven Monitoring von drahtlosen Sensornetzen vorgestellt. Dieses System, *pimoto*, erlaubt es, Radioübertragungen passiv zu belauschen und die empfangenen Daten zu speichern bzw. für eine weitere Verarbeitung an einen zentralen Server zu übermitteln. Um den Betrieb in verteilten Sensornetzen zu ermöglichen, wurde eine hierarchische Architektur entwickelt. Als Analysewerkzeug setzen wir das im Kommunikationsbereich verbreitete Werkzeug *Wireshark* [2] ein, welches eine graphische Analyse vereinfacht.

Um das natürliche Verhalten der zu überwachenden Sensornetze nicht zu beeinflussen, legten wir besonderen Wert auf ein *passives* Monitoring-Tool. Es soll weder durch weitere Softwarekomponenten auf den Knoten, noch durch das Einspeisen zusätzlicher Nachrichten in das Sensornetz das Netzverhalten unnatürlich beeinflusst werden. Im Gegensatz dazu steht das *aktive* Monitoring, bei dem bewusst in die Architektur eingegriffen wird um an die gewünschten Informationen zu gelangen.

Nach diesem Prinzip funktioniert *Nucleus* [3]. Es stellt eine Menge von TinyOS Komponenten zur Verfügung, die in eigene Anwendungen auf den Sensorknoten integriert werden mit dem Ziel einen Informationsaustausch zwischen diesen Komponenten und einer Auswertungsinstanz zu ermöglichen. Ein ähnliches Monitoring-System ist *Sympathy* [4]. Es werden ebenfalls zusätzliche Softwaremodule auf den Sensorknoten installiert und in periodischen Abständen Informationen an die sog. *Sympathie*-Senke geschickt. Diese übernimmt dann die Auswertung der Daten. Indessen werden bei *ScatterWeb* [5] erst nach Aufforderung durch den Anwender die relevanten Informationen an die Auswertungsinstanz *ScatterViewer* gesendet.

Passive Monitoring-Systeme dagegen sind *TWIST* [6] und *Wit* [7]. Erstgenanntes verbindet alle Monitoring-Knoten über ein USB-Kabel an ein Netzwerk und leitet die Informationen an eine Auswertungsstelle weiter. *Wit* [7] hingegen wurde mit nur genau einer speziellen Zielsetzung entwickelt: Es soll anhand verloren gegangener Datenpakete die Effizient der MAC-Schicht (802.11) in drahtlosen Sensornetzen überprüfen.

Unser Tool jedoch stellt die gesamte Kommunikation aus dem Sensornetz für eine Analyse zur Verfügung. Dabei wird – wie oben bereits genannt – auf ein natürliches Verhalten des zu überwachenden Sensornetzes Wert gelegt und aus diesem Grund die Kommunikation passiv mitgeschnitten. Die komplett kabellose Architektur sowie die Integration des professionellen Netzwerkanalyse-Tools *Wireshark* zur Auswertung des Datenverkehrs versprechen ein sehr gutes Handling. Da sich außerdem die komplette Funktionalität *Wiresharks* auf den erlauschten Datenverkehr anwenden lässt, sind die Möglichkeiten der Datenanalyse im Gegensatz zu allen oben kurz vorgestellten Systemen immens.

2 pimoto – Passive Island Monitoring Tool

Die folgenden Anforderungen ergeben sich für die Entwicklung und den Einsatz von *pimoto*. Erstens soll das Tool in einer Umgebung eingesetzt werden können, die evtl. über größere geographische Bereiche verteilt ist. Zweitens soll das Werkzeug die Kommunikation in Sensornetzen rein passiv belauschen, um keinen Einfluss auf die Kommunikation auszuüben. Drittens soll die Analyse zeitnah erfolgen, d.h. die Datenverarbeitung in den Monitorsystemen muss Echtzeitanforderungen genügen und viertens soll das Werkzeug direkt in der Lehre einsetzbar sein, muss also u.a. über eine einfache Bedienungsoberfläche verfügen.

Wir entwickelten eine hierarchische Architektur für den Einsatz von *pimoto*, d.h. mehrere Monitoringknoten können im Sensornetz verteilt angebracht werden. Die komplette Architektur ist in Abbildung 1 gezeigt. Spezielle *pimoto* Sensorknoten monitoren den Verkehr passiv und transportieren die erlauschten Datenpakete über eine zweite Radioschnittstelle (Bluetooth) weiter an einen PC. Dieser PC verwaltet eine Reihe von Monitorknoten, sammelt die empfangenen Daten und schickt diese über eine weitere Drahtlosverbindung (WLAN) weiter an ein Serversystem. Letzteres analysiert die empfangenen Nachrichten mittels eines *Wireshark*-Plugins, um die komplette Sensorknotenkommunikation zu dekodieren und zu visualisieren.

Die wesentlichen Aspekte für den Betrieb des Systems sind optimierte Übertragungsprotokolle für die Weitergabe und Analyse von Monitordaten sowie die Möglichkeit der lokalen Zwischenspeicherung. Ersteres wird durch den konsequenten Einsatz der push-Strategie erreicht. Da im Sensornetz nur geringe Datenraten möglich sind und die Bandbreite über Bluetooth zu WLAN stetig wächst, sind hier keine Einschränkungen zu befürchten. Außerdem ist nur so eine Echtzeitanalyse der empfangenen Daten durch maximal reduzierte Latenzzeiten möglich. Da Bluetooth keine zuverlässigen Transportprotokolle zur Verfügung stellt, ist auch der zweite Aspekt, die Zwischenspeicherung und evtl. Neuübermittlung bei Übertragungsfehlern, für eine zuverlässige Datenauswertung relevant.

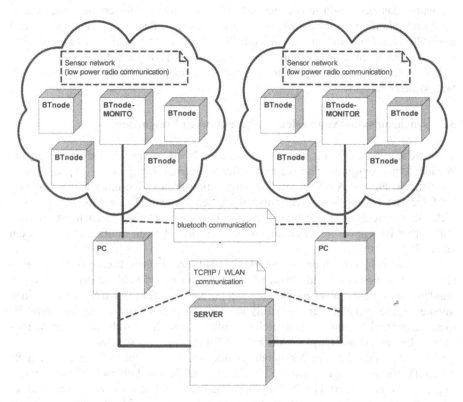

Abb. 1 Hierarchische Struktur: Architektur mit zwei „Monitor Inseln"

3 Implementierung

Implementiert wurde *pimoto* auf Sensorknoten vom Typ *BTnode* [1], welche neben der Radioschnittstelle zum Sensornetz über ein Bluetooth Interface verfügen. Das auf

den Knoten verwendete Betriebssystem ist die *BTnut System Software* in der Version
1.6. Im Wesentlichen besteht sie aus Nut/OS, einem einfach gehaltenem Betriebssystem für kleine eingebettete Systeme mit dem ATmega128 Mikrocontroller von
ATMEL, erweitert um die spezifischen Treiber für die Hardwaremodule des Sensor-
knotens *BTnode*.

3.1 Systemkomponenten

Ein wesentlicher Aspekt bei der Implementierung der Monitorsoftware war die Tatsache, dass die Monitorknoten im sog. promiscuous mode agieren, d.h. es werden alle
Datenpakete mitgeschnitten, ungeachtet ihrer Zieladresse. Diese Fähigkeit wird momentan von der verwendeten B-MAC Umsetzung nicht unterstützt. Aus diesem
Grund erweiterten wir die *BTnut*-Treiber entsprechend.

Für die Kommunikation über Bluetooth zwischen dem Monitorkonoten und einem
PC wurde das *rfcomm*-Protokoll gewählt. Dieses emuliert eine serielle Kabelverbin-
dung und garantiert – nach erfolgreichem Verbindungsaufbau – einen kompletten und
unverfälschten Datenaustausch. Die vom PC erhaltenen Datenpakete werden im Anschluss daran an einen Server zur Auswertung über TCP/IP geleitet.

Alle weiteren Komponenten wurden unter Linux unter Verwendung von Standard-
protokollen realisiert.

3.2 Synchronisation von verteilt aufgezeichneten Ereignissen

Während der Entwicklung von *pimoto* wurde als herausragende Schwierigkeit die
genaue Synchronisation von verteilt aufgezeichneten Ereignissen (Datenpaketen)
identifiziert. Für die Analyse von Kommunikationsprotokollen muss die exakte Reihenfolge von Datenpaketen rekonstruiert werden können. Da die Monitoringknoten
nicht über synchronisierte Uhren verfügen und dies technisch auch nicht sinnvoll
realisierbar ist, wurde ein Trick angewandt, der die relativen Laufzeiten der Knoten
an den PCs korreliert.

Dazu wird jedem durch den Monitorknoten aufgezeichnetem Radiopaket ein weiteres 4 Byte großes Datenfeld hinzugefügt. In diesem neuen Feld werden die Millisekunden von Reboot des Monitorknotens an gespeichert. Da jeder *BTnode* über einen
internen Zähler verfügt, der die Millisekunden seit Reboot zur Verfügung stellt, ist
dieser zusätzliche Eintrag ohne großen Aufwand möglich. Anhand dieses Wertes
kann später die genaue Empfangsuhrzeit des Pakets errechnet werden.

Dazu subtrahiert der Monitorknoten unmittelbar vor der Übertragung eines Pakets
an den PC diesen Wert von dem seines aktuellen Zählers und überschreibt mit diesem
Ergebnis den alten Wert. Der PC empfängt das Paket und subtrahiert von seiner aktuellen Uhrzeit den erhaltenen Wert. Das Resultat ist eine auf Millisekunden genaue
Empfangsuhrzeit des Radiopakets durch den Monitorknoten. Sind mehrere sog. Monitorinseln im Einsatz (vgl. Abb. 1) ist eine synchrone Uhrzeit auf den PCs Vorraus-
setzung für eine einwandfreie Ermittlung der Paketempfangszeiten, andernfalls sind
die Empfangszeiten der Radiopakete beider Monitorinseln verfälscht, da die Refe-
renzzeiten auf den PCs unterschiedlich sind.

3.3 Analyse mit Wireshark

Für die Analyse mit *Wireshark* wurde das Plugin *BTnode Radio Protocol* für das im Sensornetz eingesetzte B-MAC Protokoll entwickelt. Die wesentliche Aufgabe des Plugins ist es, die Decodierung und Interpretation des erlauschten Datenverkehrs vorzunehmen.

Um an den Datenverkehr zu gelangen, schneidet *Wireshark* die Kommunikation zwischen PC und Server mit. Diese findet über TCP auf einem selbst festgelegtem Port statt. *Wireshark* schneidet nun die komplette Kommunikation mit und das entwickelte Plugin *BTnode Radio Protocol* analysiert die im Nutzdatenfeld von TCP übertragenen Radiopakete. Die Besonderheit liegt nun darin, dass sich in den Nutzdaten eines TCP Pakets genau ein von einem Monitorknoten mitgeschnittenes Radiopaket befindet. Unser entwickeltes Plugin extrahiert und interpretiert nun jedes einzelne Radiopaket aus den TCP-Nutzdaten und visualisiert die Details auf der graphischen Benutzeroberfläche von *Wireshark*. In Tabelle 1 sind die einzelnen Werte eines dekodierten Pakets zusammengefasst.

Tabelle 1. Felder eines Pakets nach der Dekodierung durch Wireshark

Feld	Bedeutung
Monitor MAC (6 Byte)	MAC Adresse des BTnode Monitorknotens
Source node (2 Byte)	B-MAC Quelladresse des Pakets
Destination node (2 Byte)	B-MAC Zieladresse des Pakets
Length of Data (2 Byte)	Länge der Daten
Type (1 Byte)	Typ der Anwendung
Seconds (4 Byte)	Sekunden zur Berechnung der Empfangszeit
Milliseconds (2 Byte)	Millisekunden bei der Empfangszeit
Time (0 Byte - errechnet)	Empfangszeit des Pakets durch den Monitorknoten, berechnet aus „Seconds" und „Milliseconds"
Date (Length of Data)	Daten der Länge „Length of Data"

Auf den ersten Blick erscheint diese Variante der Paketübertragung umständlich und mit viel Overhead verbunden. Der große Vorteil ist bei der Analyse zu erkennen, denn es steht die gesamte Funktionalität von *Wireshark* zur Verfügung. So können bspw. spezielle Filter auf alle oder nur auf einen Teil der Datenpakete angewandt werden. Mit diesen werden z.B. nicht benötigte Protokollinformationen oder Datenpakete ausgeblendet, die Pakete nach Kriterien wie Typ, MAC-Adresse, Größe etc. sortiert, oder Pakete auf ihren Inhalt hin gesucht. Sind die gewünschten Informationen gefunden, können diese mit der von *Wireshark* angebotenen Funktionalität problemlos exportiert werden.

4 Einsatz in Forschung und Lehre

Mit einem einfachen Versuch möchten wir die Funktionsweise von *pimoto* verdeutlichen und die Einsatzmöglichkeiten in Forschung und Lehre aufzeigen.

Für diesen Versuch dient ein übersichtliches Sensornetz als Ausgangslage: Zwei *BTnode*-Sensorknoten schicken sich gegenseitig Radiopakete. Der innerhalb der Reichweite im Sensornetz liegende Monitorknoten schneidet diese mit und überträgt

sie zur weiteren Auswertung an den PC, welcher sie dann an den Server leitet. Der
Aufbau ist in Abbildung 2 zu sehen.

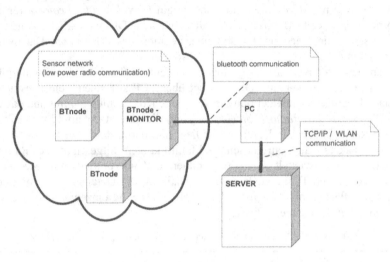

Abb. 2 Ein einfacher Versuch zur Veranschaulichung der Funktionsweise von *pimoto*

Das Ergebnis in Abbildung 3: Es werden sowohl die Pakete, die für die TCP Verbindung zwischen PC und Server nötig sind, als auch die Pakete aller Knoten im Sensornetz angezeigt.

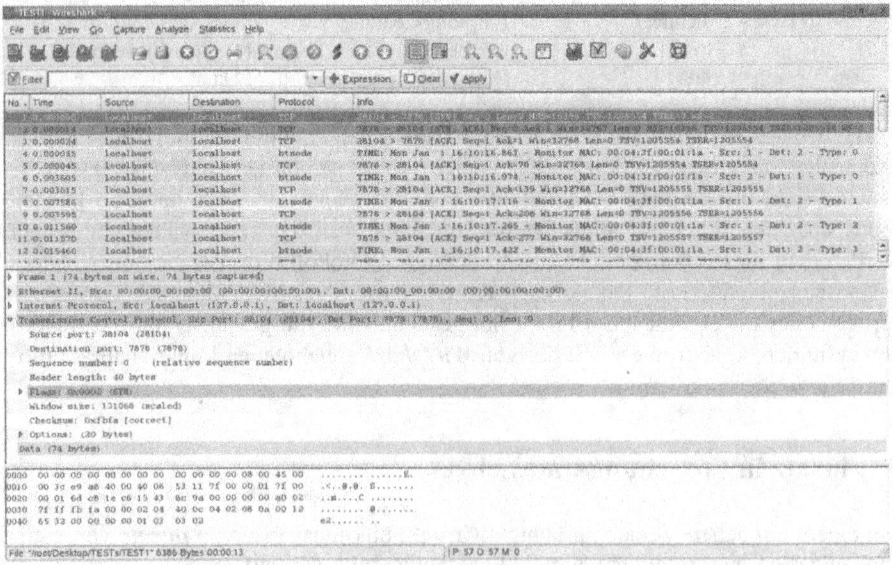

Abb. 3 Der komplette Datenverkehr auf der Benutzeroberfläche von *Wireshark*

Wireshark bietet nun die Möglichkeit, über ein Filterfeld nur den gewünschten Datenverkehr anzuzeigen. Damit lässt sich z.B. der TCP-Datenverkehr – der zum Teil nur für die Verbindung zwischen PC und Server nötig ist – aus Abbildung 3 ausblenden, so dass nur noch diejenigen TCP-Pakete angezeigt werden, die ein tatsächlich mitgeschnittenes Datenpaket aus dem Sensornetz in den Nutzdaten führen. Diese Pakete lassen sich nun weiterhin auf bestimmte Kriterien hin untersuchen. So werden z.B. mit dem Ausdruck: „btnode.typ == 3 && btnode.src == 1" nur Pakete vom Sensorknoten mit der MAC-Adresse 1   des Typs 3 angezeigt (vgl. Abbildung 4). Jedes einzelne aufgeführte Datenpaket lässt sich nun auswählen und genau analysieren. Es werden die in Tabelle 1 genannten Werte angegeben.

Diese Möglichkeit, auf unkomplizierte Art und Weise den gewünschten Datenverkehr filtern und anschließend analysieren zu können, kann Anwendung beim Debuggen von Sensornetzen in der Forschung, aber auch in der Lehre finden. In folgenden Abschnitten werden wir beide Aspekte genauer betrachten.

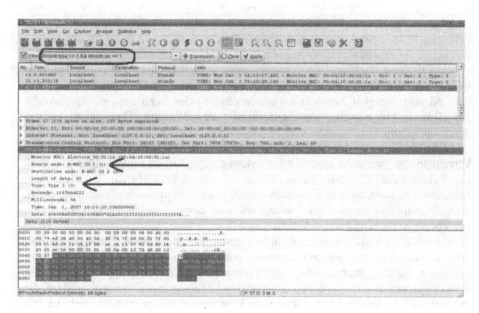

Abb. 4 Filtern nach gewünschten Datenpaketen und Anzeige der Details eines Pakets

4.1 Forschung

Das Auffinden von Fehlern in einer Software kann unter Umständen zu einem sehr langwierigen Prozess werden. Problematisch ist vor allem auch die Tatsache, dass es sich bei Sensorknoten um eingebettete Systeme handelt und deshalb auch alle damit verbundenen Schwierigkeiten beim Debuggen auftreten. Das Aufzeichnen aller Kommunikationsvorgänge sowie die Auswertung und Analyse der einzelnen Datenpakete kann eine große Hilfe beim Finden von Kommunikationsfehlern sein. Dazu werden nicht nur die Anzahl der tatsächlich ausgetauschten Datenpakete, sondern auch deren genauer Inhalt mit *Wirehark* betrachtet und bei Bedarf auch exportiert. Ungereimtheiten in der Kommunikation im Sensornetz werden erkannt und Rückschlüsse auf die implementierte Software oder angewandten Kommunikationsmethoden können gezogen werden. Eine spätere Auswertung und der Vergleich verschiedener aufgezeichneter Daten können bspw. Details über erbrachte Leistungsparameter liefern.

4.2 Lehre

Die Tatsache, dass Kommunikationsvorgänge im Sensornetz auch für Laien verständlich mit Hilfe von *Wireshark* visualisiert werden können, ermöglicht den Einsatz von *pimoto* auch in der Lehre.

Einsatzmöglichkeiten dafür finden sich in weiterführenden Schulen. Dort werden die Schüler im Fach Informatik, daneben aber auch schon in den unteren Jahrgangsstufen im Fach „Natur und Technik" mit den grundlegenden Prinzipien und Konzepten der Informatik konfrontiert. Eines dieser grundlegenden Prinzipien ist die Kommunikation zwischen Informatiksystemen. Mit dem Einsatz dieses Tools soll es möglich sein, Teile dieser komplexen Sachverhalte den Schülern, z.B. im Informatikleistungskurs, auf anschauliche Weise nahe zu bringen.

Beispielsweise lässt sich die Funktionsweise grundlegender Kommunikationsprotokolle mit Hilfe eines sehr einfach gehaltenen Sensornetzes (z.B. aus nur drei Knoten und sehr wenigen Kommunikationsvorgängen) den Schülern auf verständliche Art erklären. Die zwischen den Sensorknoten ausgetauschten Datenpakete können durch die graphische Ausgabe von *Wireshark* auf dem Bildschirm sichtbar gemacht und folglich auch von den Schülern eingesehen und verstanden werden. Die Schüler können so die genaue Kommunikation zwischen den Knoten mitverfolgen und auch die Paketinhalte einsehen. Diese liegen in der gebräuchlichen hexadezimalen Schreibweise, aber auch in einer durch *Wireshark* interpretierten Form vor. Damit sind ein einfaches Ablesen aller Werte und eine daraus resultierende Interpretation der Vorgänge im Sensornetz möglich.

Eine weitere Einsatzmöglichkeit findet sich in den Hochschulen, denn gerade dort erfreuen sich drahtlose Sensornetze immer größerer Beliebtheit. An zahlreichen Universitäten entstehen immer mehr neue Forschungs- und Arbeitsgruppen, die sich mit diesem spannenden Thema auseinandersetzen. Übungsgruppen werden gebildet, die in regelmäßigen Treffen kreativ über neue Erkenntnisse diskutieren, die sich u.a. aus den zahlreichen Abschlussarbeiten der Studenten in diesem Fachgebiet ergeben. Das in diesem Beitrag vorgestellte Tool soll zur Unterstützung des Lehr- und Übungsbetriebs auf dem Gebiet der Sensornetze dienen. Mit diesem Tool und der Möglichkeit der einfachen Darstellung ausgetauschter Datenpakete in einem Sensornetz können nicht nur komplizierte Kommunikationsvorgänge auf verständliche Weise dargestellt, sondern auch „neue" Studenten an dieses Thema herangeführt und dafür begeistert werden. Der Informatik-Lehrstuhl 7 der Universität Erlangen-Nürnberg bietet speziell für diese Studenten sowie für alle Interessierten auf dem Gebiet der Sensornetze eine Arbeitsgruppe an: Sensor/Actuator Networks (SANET). In wöchentlich stattfinden-den Treffen werden Themen wie z.B. ressourcenschonendes Routing in drahtlosen Sensornetzen oder experimentelle Untersuchungen mit *BTnode* Sensorknoten diskutiert und anhand von konkreten Implementierungen Lösungsmöglichkeiten für bestehende Probleme erarbeitet. Eines dieser in Sensornetzen auftretenden Probleme ist das Routing. Um nun beispielsweise die Effizienz verschiedener Routingalgorithmen den Studenten leicht verständlich zu erklären, kann das in dieser Arbeit entwickelte Werkzeug verwendet werden. Dazu werden zwei oder mehr Sensornetze, je nach Anzahl der zu vergleichenden Routingalgorithmen, in Betrieb genommen. Es gilt eine bestimmte Aufgabe innerhalb eines Netzes zu „lösen". Die dazu nötige Kommunikation wird mit *pimoto* passiv mitgeschnitten. Eine anschließende Analyse aller ausgetauschten Datenpakete in den Sensornetzen bringt auf einfache Art und Weise Aufschluss über die Vor- und Nachteile der eingesetzten Algorithmen. Aufschluss über das Verhalten ihrer Implementierungen auf den Sensorknoten können auch die Studenten der im Sommersemester 2007 angebotenen Lehrveranstaltung Selbstorganisation in Autonomen Sensor-/Aktornetzen [SelfOrg] erhalten. In dem zur Vorlesung angebotenen Übungsbetrieb werden den Studentengruppen verschiedene Themenbereiche zur Bearbeitung zugeteilt. Die Bearbeitung beinhaltet neben einer Einarbeitung in das Thema und der Auseinandersetzung mit einem bestimmten Problem auch die Implementierung einer möglichen Lösung. Wie schon mehrfach erwähnt, ist die Kommunikation im Sensornetz eines der zentralen Themen. Aus diesem Grund werden sehr oft Lösungen für Probleme gesucht, die direkt oder indirekt von der Kommunikation im Sensornetz abhängen. Als Beispiel sei hier eine Aufgabe aus dem Sommersemester 2006 genannt: Implementierung und Analyse von Flooding und Gossiping Strategien. Für diese und alle weiteren im Übungsbetrieb gestellten Aufgaben ist dieses Tool eine zusätzliche Hilfe für das Testen und Evaluieren der von den Studenten entwickelten Anwendungen durch die Studenten selbst oder durch den Dozenten.

5 Zusammenfassung

Im vorliegenden Beitrag haben wir ein Monitorkonzept für drahtlose Sensornetze und eine Implementierung speziell für eine Architektur, bestehend aus Sensorknoten des Typs *BTnode*, vorgestellt.

Unser entwickeltes Monitorsystem besteht aus sog. Monitor-Inseln, Gateways und einem Server. Ein spezieller Monitorknoten schneidet die innerhalb einer solchen Monitor-Insel anfallende Kommunikation passiv mit und leitet diese über ein Gateway an den Server. Dieser ermöglicht mit Hilfe des Netzwerk-Tools *Wireshark* die Visualisierung und Analyse des Datenverkehrs. Dazu übernimmt ein eigens entwickeltes Plugin die Interpretation der Datenpakete aus dem überwachten Sensornetz. Weiterhin geben zusätzliche, von den Monitorknoten vorgenommene Einträge in den erlauschten Radiopaketen, Aufschluss über Empfangszeit durch die Monitorknoten oder über die Monitor-Inseln.

Um die Funktionalität unseres Werkzeugs zu veranschaulichen, haben wir abschließend einen Versuch durchgeführt, dabei die Vorgehensweise beschrieben, die Ergebnisse erörtert und zugleich auch die Bedeutung des Tools für Forschung und Lehre aufgezeigt. Denn die Visualisierung und Filterung des Datenverkehrs ermöglicht einerseits Ursachen für Fehlverhalten des Sensornetzes ausfindig zu machen, andererseits das einfache Nachvollziehen der Kommunikationsvorgänge im Sensornetz. Es lassen sich beispielsweise grundlegende Prinzipien der Kommunikation zwischen Informatiksystemen im Informatikunterreicht veranschaulichen, oder aber auch komplexe Routingalgorithmen in der Hochschule auf ihre Effizienz hin analysieren.

Literatur

1. ETH Zürich, BTnodes – A Distributed Environment for Prototyping Ad Hoc Networks, http://www.btnode.ethz.ch
2. Wireshark: The World's Most Popular Network Protocol Analyzer, http://www.wireshark.org
3. Gillman Tolle, David Culler "Design of an application-cooperative management system for wireless sensor networks" In Proceedings of the Second European Workshop on Wireless Sensor Networks 2005, pages 121–132, Istanbul, Turkeye, Jan 2005.
4. Nithya Ramanathan, Eddie Kohler, Lewis Girod, Deborah Estrin, "Sympathy: A Debugging System for Sensor Networks" Workshop Record of the 1st IEEE Workshop on Embedded Networked Sensors (EmNetS-I), Tampa, Florida, November 2004, pages 554-555.
5. ScatterWeb, http://cst.mi.fu-berlin.de/projects/ScatterWeb/
6. V. Handziski, A. Köpke, A. Willig, and A. Wolisz, "TWIST: A Scalable and Reconfigurable Wireless Sensor Network Testbed for Indoor Deployments", Technical University Berlin, TKN Technical Report TKN-05-008, November 2005.
7. Ratul Mahajan, Maya Rodrig, David Wetherall, John Zahorjan, "Analyzing the MAC level Behavior of Wireless Networks in the Wild", ACM SIGCOMM, Pisa Italy, 2006.

Zeitgesteuerte und selbstorganisierende Fahrzeug-zu-Fahrzeug-Kommunikation auf Basis von Ad-hoc-WLAN

Marco Munstermann und Hans Heinrich Heitmann

Hochschule für Angewandte Wissenschaften Hamburg,
Fakultät Technik und Informatik, Department Informatik,
Berliner Tor 7, 20099 Hamburg, Deutschland
{munste_m,heitmann}@informatik.haw-hamburg.de

Zusammenfassung. Da das Basisprotokoll (CSMA/CA) des WLAN-Standards nicht in der Lage ist, der geforderten Aufgabenstellung gerecht zu werden, muss ein zuverlässiges, fehlertolerantes, faires und skalierbares Protokoll entwickelt werden. Zudem sollte es sich durch eine hohe Verfügbarkeit, eine bestimmbare Aktualisierungsrate und definierte Latenzzeiten auszeichnen.

Die Unvorhersehbarkeit von CSMA/CA soll durch die Überlagerung eines Zeitschlitzverfahrens behoben werden. Auf diese Weise lässt sich die „Distributed Coordination Function (DCF)" beibehalten und dennoch ein deterministisches Protokoll entwickeln. Bei dem zugrunde liegenden Konzept handelt es sich um eine vollständig verteilte und zeitgesteuerte Singlehop-Kommunikation, die Prinzipien der Selbstorganisation nutzt.

1 Einleitung

Die Europäische Union hat im Jahre 1999 mehr als 3,5 Millionen Verkehrsunfallopfer und Sachschaden in Höhe von 160 Milliarden Euro registriert (siehe [2]). Als Reaktion darauf hat die Europäische Kommission vorgegeben, dass die Todesfälle aufgrund von Verkehrsunfällen bis 2010 um die Hälfte zu reduzieren sind (siehe [3]). Nach Schätzungen aus den Vereinigten Staaten und Japan ließen sich durch die Einführung von Sicherheitssystemen, die auf Fahrzeug-zu-Fahrzeug-Kommunikation beruhen, im Mittel wenigstens 20 Prozent der Unfälle vermeiden.

Die vorliegende Arbeit nutzt als Grundlage die nach IEEE 802.11 standardisierte Funktechnologie. Durch die Verwendung einer kostengünstigen und verfügbaren Hardware ist eine der Grundvoraussetzungen für den Einsatz in zukünftigen Serienfahrzeugen geschaffen (vgl. [3]).

Das entwickelte Protokoll ist vollständig verteilt, kommt also ohne zentrale Instanzen aus. Vorbild des entwickelten Protokolls ist ein aus der Schifffahrt stammender Kommunikationsstandard: ITU-R M.1371-1 - Automatic Identification System (AIS) (siehe [5]).

Fahrzeug-zu-Fahrzeug-Kommunikation stellt die Grundlage für künftige Kollisionswarnungs- bzw. -vermeidungssysteme dar (siehe [1]). Die zentrale Rolle der Fahrzeug-zu-Fahrzeug-Kommunikation bei der Entwicklung von genannten Assistenzsystemen ist offensichtlich (siehe [10]).

Verkehrsflüsse sind durch ein hohes Maß an Dynamik charakterisiert (siehe [3]). Fahrzeuge, die lange Zeit in Funkreichweite zueinander standen, können plötzlich voneinander getrennt werden. Eine Fahrzeug-zu-Fahrzeug-Kommunikation muss trotz sich ständig ändernder Topologie eine hohe Verfügbarkeit der Funkverbindung gewähren.

Damit alle Fahrzeuge in die Lage versetzt werden, andere warnen zu können, muss die gemeinsame Ressource, nämlich das Funkmedium, gerecht aufgeteilt werden. Dieser Anforderung kann man nur gerecht werden, wenn man bereits auf MAC-Schicht eingreift, da dort bereits über die Ressourcenzuteilung entschieden wird.

Dabei ist im Vornherein nicht festgeschrieben, unter wie vielen Teilnehmern das Medium zu teilen ist. Dies erfordert ein skalierbares Protokoll, welches sowohl mit wenigen Fahrzeugen, als auch mit Fahrzeugmassen korrekt und zuverlässig arbeitet.

Den Arbeiten [1] und [9] folgend, sollen Latenzzeiten bis zu Hunderten von Millisekunden toleriert werden. Die Aktualisierungsrate von periodischen Nachrichten soll bei 10 Hertz liegen, da dies als angemessen für den vorgesehenen Verwendungszweck angesehen wird (siehe [9] und [8]).

2 Grundlagen des Automatic Identification Systems

AIS wurde zum effizienten Austausch von Navigationsdaten zwischen Schiffen entwickelt. Ziel ist dabei eine Verbesserung der Sicherheit auf See. Für die effiziente Nutzung des Funkmediums nutzt AIS ein zeitgesteuertes und selbstorganisierendes Zugriffsverfahren. Der englische Fachbegriff hierfür lautet: Self-Organized TDMA (SOTDMA). Dieses Verfahren wird mit Hilfe der koordinierten Weltzeit (UTC) synchronisiert.

AIS arbeitet primär autonom, automatisch und kontinuierlich. Zum Zwecke der Zielerfüllung werden statische und dynamische Schiffsdaten sowie Routeninformationen allen Installationen in Reichweite auf eine selbstorganisierte Weise per Broadcast-Verfahren übertragen.

Wie alle TDMA-Verfahren nutzt auch AIS die Idee des Rahmens (Super-Frame). Ein Super-Frame entspricht dabei der Dauer einer Minute. Die Minute teilt sich wiederum in 2250 Zeitschlitze (slots). Ein Zeitschlitz befindet sich genau in einem von vier möglichen Zuständen: frei (free), interne Allokation (internal allocation), externe Allokation (external allocation) oder verfügbar (available).

– free: Ein Zeitschlitz ist frei, wenn er innerhalb der eigenen Reichweite von keinem anderen Knoten verwendet wird. Wurde ein Zeitschlitz, der zuvor extern alloziert war, während der vergangenen drei Super-Frames nicht verwendet, so wird auch dieser als frei angesehen.

– internal allocation: Von interner Allokation spricht man, wenn ein slot durch den eigenen Knoten verwendet wird.

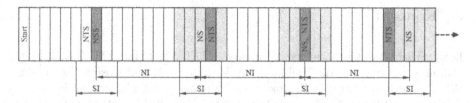

Abb. 1. Darstellung der AIS „frame map" (SOTDMA-Zugriffsverfahren)

– external allocation: Folglich stellt externe Allokation die Verwendung durch einen anderen Knoten dar.

– available: Verfügbar ist ein Zeitschlitz, wenn er zwar aktuell extern alloziert ist, aber für „slot reuse" in Frage kommt.

Um stets eigene Nachrichten senden zu können, hält sich jeder Knoten potenzielle Zeitschlitze vor (candidate slots). Die candidate slots organisieren sich im candidate slot set. Ein Protokoll-Parameter ist die Mindestgröße des candidate slot sets. Lässt sich diese nicht allein durch freie Zeitschlitze, die primär zu verwenden sind, erreichen, wird der slot reuse-Algorithmus angewandt: Hierzu fügt ein Knoten solange einen Zeitschlitz hinzu, dessen Zustand zuvor external allocation war, bis die geforderte Menge erreicht ist. Dabei werden gezielt slots gewählt, dessen Sender größtmöglichen Abstand zum eigenen Knoten haben. Sollte einmal kein candidate slot zur Verfügung stehen, ist ausnahmsweise die Verwendung des bereits intern allozierten Zeitschlitzes gestattet.

Das erste gesendete Paket dient der Bekanntmachung des eigenen Knotens. Nach dem ersten Paket wechselt ein Knoten zur Phase kontinuierlichen Betriebs. Typischerweise wird hierbei das SOTDMA-Zugriffsverfahren verwendet. Dies geschieht mit der Absicht, dass keine entfernten Instanzen benötigt werden, um potenzielle Konflikte bei der Zeitschlitzzuteilung zu lösen. Es folgt der Parametersatz des SOTDMA-Algorithmus'. Zur Verdeutlichung können die SOTDMA-Parameter der Abb. 1 entnommen werden.

– NSS: Der NSS gibt den ersten verwendeten Zeitschlitz an. Er dient den folgenden Übertragungen als Referenzpunkt.

– NS: Stellt den Mittelpunkt innerhalb des „selection interval"s dar. Bei der ersten Übertragung gleicht der NS dem NSS.

– NI: Der Abstand zwischen zwei aufeinanderfolgenden Paketen nennt sich NI und berechnet sich aus dem Quotienten von Gesamtanzahl an Zeitschlitzen pro Super-Frame und Übertragungsrate.

– SI: Das „selection interval" befindet sich ringsum den NS und ist die Basismenge für die Wahl des Zeitschlitzes.

– NTS: Innerhalb des SI stellt NTS den verwendeten Zeitschlitz dar.

3 Konzept

Diese Arbeit stützt sich auf zwei Standards, IEEE 802.11 und ITU-R M.1371-1. Dahinter verbirgt sich die Hoffnung, die Verfügbarkeit und Kosteneffizienz der WLAN-Hardware mit dem Protokoll der Luft- und Schifffahrt zu verbinden.

Sowohl Ad-hoc-WLAN, als auch AIS zielen auf Selbstorganisation des Mediums ab. Die verfügbare Bandbreite soll ohne komplexes Ressourcenmanagement verwaltet werden.

Die gravierenden Unterschiede ergeben sich aus den grundverschiedenen Anwendungsgebieten, aus denen sie jeweils hervorgegangen sind. So gilt es, die Unberechenbarkeit des WLAN-Protokolls bezüglich des Kanalzugriffs in einer dem AIS-Protokoll verwandten Weise abzustellen.

Unvorhersehbar wird der CSMA/CA-Algorithmus, wenn ein Knoten das Medium zum Zeitpunkt des Sendeversuchs als belegt ansieht. In diesem Fall tritt bei der Distributed Coordination Function (DCF) das Backoff-Verfahren in Kraft. Gelingt es, dafür zu sorgen, dass das Medium aus Sicht des eigenen Knotens zum Zeitpunkt des Sendeversuchs frei ist, lässt sich die DCF beibehalten und darauf ein deterministisches Protokoll entwickeln. Hierzu soll das AIS-Protokoll mit seinem SOTDMA-Zugriffsverfahren dienen.

Die Einteilung der Zeit in Super-Frames geschieht durch den bereits vorhandenen Versand des obligatorischen Beacons. Damit übernimmt das Beacon eine ähnliche Funktion wie der Minutentick der UTC bei AIS.

Die Verwendung eines TDMA verwandten Verfahrens erfordert die präzise Synchronisation aller Teilnehmer. Hierzu wird die im IEEE 802.11 Protokoll enthaltene Timing Synchronization Function (TSF) verwendet. Im Gegensatz zu AIS müssen diese Teilnehmer gemeinsam eine synchronisierte Zeit schaffen.

Die TSF ähnelt der von Lamport bereits 1978 vorgeschlagenen Methode zur Uhrensynchronisation in verteilten Systemen.

Zur korrekten Positionierung einer TDMA-Nachricht innerhalb des entsprechenden Zeitschlitzes muss der genaue Zeitpunkt hierfür bestimmbar sein. Der IEEE 802.11 Standard sieht bereits zwecks Power Management präzise Zeitpunkte innerhalb einer Beacon-Periode vor: Zum einen den Endpunkt des Announcement Traffic Indication Message (ATIM)-Fensters, der den Beginn einer möglichen „Schlafphase" eines Knotens einleitet, zum anderen den Zeitpunkt, zu dem ein schlafender Knoten aufwachen muss, damit er die Übertragung des Beacons empfangen kann.

Um neben den synchron übertragenen Fahrzeugdaten asynchrone Nachrichten übertragen zu können, soll ein Super-Frame in Anlehnung an die Point Coordination Function (PCF) in zwei Perioden unterteilt werden: eine Contention Free Period (CFP), die mittels SOTDMA organisiert wird, und eine Contention Period (CP), in der das übliche CSMA/CA-Verfahren angewandt wird.

Typischerweise haben die periodisch gesendeten Fahrzeugdaten solange Relevanz, bis eine neuere Nachricht desselben Fahrzeugs eintrifft. Es hat also wenig Sinn, sich um einen Empfangsbestätigungsmechanismus nach dem Vorbild des IEEE 802.11 Acknowledge (ACK)-Schemas zu kümmern.

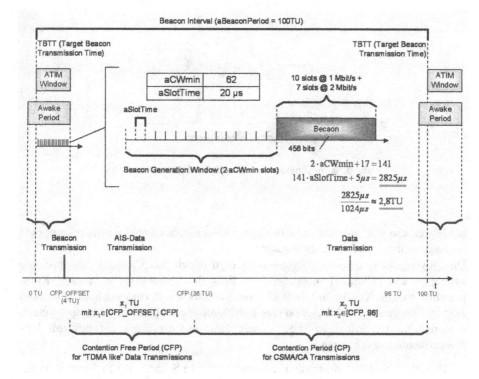

Abb. 2. Einteilung der Beacon-Periode in CFP und CP

Statt die Ressourcen dafür zu opfern, verpasste Nachrichten zu wiederholen, können aktuelle Fahrzeugdaten besser an dessen Stelle treten.

Die Länge eines Super-Frames soll dem Beacon-Intervall von IEEE 802.11 entsprechen. Damit wird der eingangs erhobenen Forderung nach Reaktionszeiten im Bereich von Hunderten von Millisekunden Genüge geleistet. Da nach Huang und Lai ([4]) auf keinen Fall mehr als 100 Teilnehmer sinnvoll sind, wird das Beacon-Intervall in 100 Zeitschlitze eingeteilt.

Abb. 2 veranschaulicht die Einteilung der 100 Zeitschlitze in CFP und CP. Die CFP beginnt erst nach Ablauf des ATIM-Fensters. Während des ATIM-Fensters können keine Pakete übertragen werden. Die ausführliche Spezifikation kann [6] entnommen werden.

4 Simulation

Im Gegensatz zu den meisten zitierten Arbeiten, die ebenfalls ein Simulationsmodell angefertigt haben, wird u.a. aus Performancegründen nicht der weit verbreitete Netzwerksimulator „ns2", sondern ein „J-Sim" genannter verwendet.

Zunächst richtet sich der Blick auf die schematische Darstellung eines drahtlosen Knotens in J-Sim. Wie man Abb. 3 entnehmen kann, besitzen alle Kom-

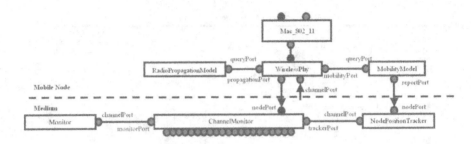

Abb. 3. Komponenten eines WLAN-Knotens in J-Sim

ponenten, die auf dem Datenpfad liegen, jeweils einen obligatorischen „upport" und einen obligatorischen „downport".

Das physikalische Übertragungsmedium wird durch die „Channel"-Komponente simuliert. Der „Channel" ermittelt mit Hilfe der „NodePositionTracker"-Komponente, welche Knoten in unmittelbarer Nachbarschaft zum sendenden Knoten stehen. Damit die „NodePositionTracker"-Komponente über die aktuellen Standorte der Knoten informiert ist, befragt diese die jeweiligen „MobilityModel"-Komponenten der Knoten.

Die „WirelessPhy"-Komponente bildet die erste Schicht des Referenzmodells. Hier laufen die Informationen über das zu verwendende physikalische Modell („RadioPropagationModel") und den momentanen Standort zusammen.

Das erste Modell sieht von Reflexionen und Mehrwegausbreitung ab. So lässt sich die empfangene Signalstärke mit: $P_r = \frac{P_t * G_t * G_r * \lambda^2}{(4 * \pi * d)^2 * L}$ berechnen.

In J-Sim werden G_t, G_r und L vereinfachend als konstant eins angenommen. P_t wird durch die „WirelessPhy"-Komponente des sendenden Knotens dem Paket beigefügt, damit im empfangenden Knoten die Berechnung erfolgen kann. Nachdem also P_t, G_t, G_r und L dem Knoten vorliegen, vereinfacht sich der zu berechnende Term zu: $PG = \frac{\lambda^2}{(4 * \pi * d)^2}$.

Das „Two-ray Ground Model" berücksichtigt zusätzlich zur direkten Sichtverbindung zwischen Sender und Empfänger Reflexionen, die durch den Boden bedingt sind. So erweitert sich die Gleichung der empfangenen Signalstärke zu: $P_r = \frac{P_t * G_t * G_r * h_t^2 * h_r^2}{d^4 * L}$. h_t und h_r stellen jeweils die Höhe der Antennen des Senders bzw. des Empfängers dar.

Mit zunehmender Entfernung zeigt dieses Modell eine größere Abnahme der Signalstärke. Der Schwellwert d_c berechnet sich wiederum unter Verwendung von λ zu: $d_c = \frac{4 * \pi * h_t * h_r}{\lambda}$. Sind sich Sender und Empfänger näher als d_c, entsprechen die Ergebnisse des „Two-ray Ground Model"s denen des „Free Space Model"s.

Damit der korrekte Protokollablauf überprüft werden kann, wird die Simulationsumgebung um eine „Monitor" genannte Komponente erweitert. An der „Mac_802_11"-Komponente wurden Änderungen vorgenommen, um daraus eine der Spezifikation entsprechende Komponente zu entwickeln.

4.1 Szenarien

Szenario A (Zwei-Fahrzeugtest): Das erste Szenario besteht aus zwei Fahrzeugen: n_0 und n_1. Dabei handelt es sich bei Fahrzeug n_0 um ein statisches Fahrzeug. Fahrzeug n_1 hingegen ist in der Lage sich mit parametrisierbarer Geschwindigkeit fortzubewegen.

Anfänglich befinden sich beide Fahrzeuge außerhalb ihrer gegenseitigen Reichweite. Mit herannahendem Fahrzeug n_1 bedarf es der Synchronisation der beiden Fahrzeuge. Ebenso muss auf gegenseitige Zeitschlitzreservierungen Rücksicht genommen werden. Mit dem Verlassen des Fahrzeuges n_1 aus der Empfangsreichweite des Fahrzeuges n_0 muss gegebenenfalls der zuletzt verwendete Zeitschlitz des Fahrzeuges n_1 in der frame map des Fahrzeuges n_0 freigegeben werden.

Szenario B (zweispuriger Autobahnabschnitt): Zunächst werden drei Fahrzeuge auf der rechten Spur platziert. Hierzu wird ein konstanter Fahrzeugabstand gewählt, der dem gesetzlich geforderten Mindestabstand von zwei Sekunden entspricht. Danach folgen die drei Fahrzeuge der Überholspur.

Im Verlauf der Simulation überholt die schnellere Kolonne auf der linken Spur die langsamere Kolonne auf der rechten Spur. Die Simulation endet, wenn das Führungsfahrzeug der langsameren Kolonne 10 Prozent vor dem Ende der Teststrecke angelangt ist. Dies garantiert, dass am Ende der Simulation die Fahrzeuge der unterschiedlichen Kolonnen außerhalb ihrer gegenseitigen Reichweite sind.

Szenario C (Landstraße mit Gegenverkehr): Im Gegensatz zu den beiden anderen Szenarien, wird in diesem Szenario eine zweite Richtung eingeführt. So fahren jeweils drei Fahrzeuge in positive x-Richtung und drei Fahrzeuge in negative x-Richtung.

Die Fahrzeuge n_0 bis n_2 werden am Anfang der Teststrecke auf Spur $lane_0$ platziert. Die Fahrzeuge n_3 bis n_5 hingegen werden am Ende der Teststrecke auf Spur $lane_1$ aufgestellt.

Aufgrund der gleichen Geschwindigkeiten begegnen sich die Kolonnen auf der Hälfte der Teststrecke. Dieses Szenario ist in Anlehnung an eine Landstraße entstanden. Es resultiert die bislang höchste relative Geschwindigkeit.

5 Realisierung

Zunächst wurde die Genauigkeit der Beacon-Periode ermittelt. Hierzu wurde die Kommunikation auf die Übertragung der Beacons beschränkt. Es wird ein IBSS mit zwei aktiven Knoten eingerichtet. Ein dritter Knoten dient als Monitor. Mittels Sniffer werden dort die übertragenen Pakete protokolliert.

Im Mittel sollten zwei aufeinanderfolgende Beacons eine Zeitstempeldifferenz von einer Beacon-Periode aufweisen. Die Extremwerte ergeben sich, davon ausgehend, in Abhängigkeit des Beacon-Fensters. Zur Veranschaulichung empfiehlt sich ein Blick auf Abb. 2.

Ein Beacon-Fenster besitze n Zeitschlitze. Allgemein formuliert, ergibt sich dann das zu erwartende Minimum, wenn in Periode p ein Beacon im Zeitschlitz n-1 des Beacon-Fensters versendet wird und in der darauf folgenden Periode p+1

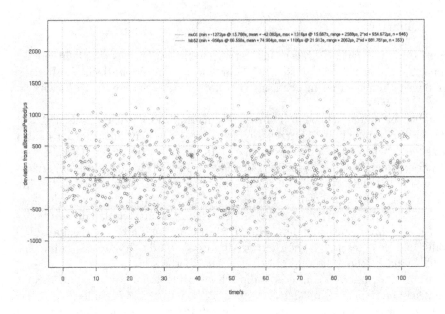

Abb. 4. Reale Abweichung der Beacons zu einer Beacon-Periode

die Übertragung in Zeitschlitz 0 des Beacon-Fensters stattfindet. Für das Maximum lässt sich eine ähnliche Überlegung ausdrücken. Hinter beiden Überlegungen steckt die Annahme, dass die beteiligten Knoten korrekt synchronisiert sind. Abb. 4 zeigt eine mittels „R" visualisierte Messung des beschriebenen Aufbaus. Die gesamte Messung dauerte 102,4 Sekunden. Währenddessen wurden 999 Beacons vom Monitor empfangen. Eine Abweichung von 0 bedeutet, dass aufeinanderfolgende Beacons im Abstand von genau einer Beacon-Periode auftraten. Der Mittelwert aller Datenpunkte bestätigt die zuvor aufgestellte Vermutung. In Mikrosekunden gemessen entspricht dieser genau dem Wert 0. Bei den Extremwerten lässt sich keine Übereinstimmung zu der zuvor formulierten Erwartung ermitteln.

Zur Untermauerung der Vermutung, dass die beteiligten Knoten nicht korrekt synchronisiert sind, wird im Folgenden das Synchronisationsverhalten genauer untersucht. Die Driftrate ist durch den Term:

$$driftrate(t_1, t_2) = \left| \frac{PC(t_2) - PC(t_1)}{t_2 - t_1} - 1 \right| \tag{1}$$

definiert ([7], S. 185). Wobei $PC(t_n)$ den Wert der physikalischen Uhr eines Knotens symbolisiert. t_n steht für Zeitpunkte, die mit Hilfe der Systemzeit des Monitors gemessen werden. Diese ist im Gegensatz zu den synchronisierten Zeiten der beiden Knoten chronoskopisch.

Es soll $PC(t_n) - t_n$ über t_n aufgetragen werden. Gingen Referenzuhr und physikalische Uhr exakt gleich, so würde eine horizontal verlaufende Gerade entstehen, da in jedem Punkt $PC(t_n) - t_n = 0$ wäre.

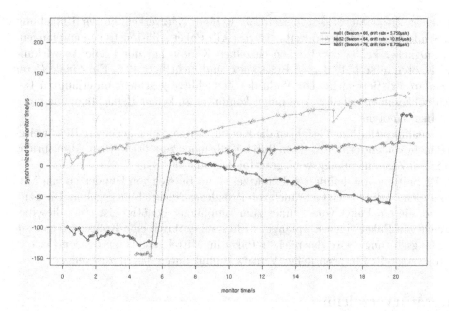

Abb. 5. Reales Synchronisationsverhalten einschließlich der Driftraten

Kommt es zur Anwendung des TSF-Algorithmus', so äußert sich dies durch Sprünge innerhalb der Geraden. Da nach dem IEEE 802.11 Standard Zeiten nur in positive Richtung korrigiert werden, sollten diese Sprünge ebenfalls nur in positiver Richtung auftreten.

Abb. 5 zeigt eine Messung von etwa 20 Sekunden Dauer. Der zuerst eingeschaltete Knoten „mu01" weist eine positive Steigung auf, d.h. seine physikalische Uhr läuft schneller als die Referenzuhr. Der als zweites aktivierte Knoten „lab51" zeigt eine negative Steigung. Nach etwa 5,5 Sekunden kommt es bei den Knoten „lab51" und „lab52" zu Sprüngen. Der Abstand zwischen diesen beiden Knoten und dem Knoten mit der schnellsten Uhr, nach dem sie sich beide richten, beträgt zu diesem Zeitpunkt bereits 160 bzw. 180 Mirkosekunden.

Damit ist die Vermutung bestätigt, dass es bei der Synchronisation zu Unregelmäßigkeiten kommt. Entgegen den Vorgaben im Standard korrigiert die TSF der vorliegenden Hardware (bzw. dessen Firmware) die physikalische Uhr erst ab einem bestimmten Schwellwert und nicht mit dem Empfang des ersten Pakets mit größerem Zeitstempel als die eigene Uhr. Die Forderung nach einer bestimmten Synchronisationsgenauigkeit kann von der verwendeten Hardware nicht erfüllt werden.

6 Bewertung

SOTDMA stellt sicher, dass bevorzugt Knoten in der Nähe des Senders AIS-Pakete empfangen. Schließlich sind es diese Knoten, von denen die größte Gefahr eines Zusammenstoßes ausgeht. Je weniger Netzverkehr in der Umgebung des Senders herrscht, desto weiter ist das AIS-Paket kollisionsfrei zu empfangen. Ein möglicher Fehler durch einen einzelnen Knoten hat nur lokale Auswirkungen. Knoten außerhalb dessen Reichweite sind nicht betroffen. Ein *Single Point of Failure* existiert nicht. Die Wahl der Zeitschlitze geschieht im erlaubten Bereich vollkommen zufällig. Von daher kommt es zu keiner Benachteiligung eines einzelnen Knotens.

In Ausnahmesituationen erfahren die Knoten langsam eine geringere Reichweite, da Pakete von entfernten Knoten durch Kollisionen zerstört werden. Man spricht in diesem Zusammenhang von „graceful degradation".

Die Einhaltung von definierten Latenzzeiten im Bereich von Hunderten von Millisekunden ist durch den Gebrauch von Broadcast-Nachrichten gegeben. Die Zeitspanne, die ein Paket vom Sender zum Empfänger benötigt, ist stets dieselbe. Erreicht ein Paket einen Empfänger nicht - sei es durch eine Kollision oder eine Empfangsstörung - wird das nächste Paket im Mittel genau eine Beacon-Periode später versandt. Ein eventueller Versatz kommt durch das SI zustande.

Literaturverzeichnis

1. Biswas, S., R. Tatchikou, F. Dion (2006): Vehicle-to-Vehicle Wireless Comm. Protocols for Enhancing Highway Traffic Safety. **IEEE Communications Magazine**, Jan. 2006, S. 74-82.
2. Chisalita, I., N. Shahmehri (2002): A Peer-to-Peer Approach to Vehicular Communication for the Support of Traffic Safety Applications. 5th **IEEE International Conference on Intelligent Transportation Systems**, Sep. 2002, S. 336-340.
3. Franz, W. (2004): **Car-to-Car Communication - Anwendungen und aktuelle Forschungsprogramme in Europa, USA und Japan.** Fachtagungsbericht GMM, VDE-Verlag, VDE-Kongress 2004, Berlin, Okt. 2004.
4. Huang, L., T.-H. Lai (2002): On the Scability of IEEE 802.11 Ad Hoc Networks. 3rd **ACM International Symposium on Mobile Ad Hoc Networking and Computing (MOBIHOC'02)**, EPFL Lausanne, Jun. 11, 2002.
5. ITU (2001): Technical characteristics for a universal shipborne automatic identification system using TDMA in the VHF maritime mobile band. **ITU-R M.1371-1**.
6. Munstermann, M. (2007): **Zeitgesteuerte und selbstorganisierende Fahrzeug-zu-Fahrzeug-Kommunikation auf Basis von Ad-hoc-WLAN.** Hochschule für Angewandte Wissenschaften Hamburg, Fakultät Technik und Informatik, Department Informatik, Master Thesis.
7. Nett, E., M. Mock, M. Gergeleit (2001): **Das drahtlose Ethernet - Der IEEE 802.11 Standard: Grundlagen und Anwendung.** Pearson Education Deutschland GmbH, München.
8. Torrent-Moreno, M., P. Santi, H. Hartenstein (2005): **Fair Sharing of Bandwidth in VANETs.** Technical Report 2005-19, Karlsruhe, 2005.
9. Xu, Q., T. Mak, J. Ko, R. Sengupta (2004): MAC Protocol Design for Vehicle Safety Communications in DSRC Spectrum. 7th **IEEE International Conference on Intelligent Transportation Systems**, Oct. 2004.
10. Zhu, J., S. Roy (2003): MAC for DSRC in Intelligent Transport System. **IEEE Communications Magazine**, Dec. 2003, S. 60-66.

Highly Dynamic and Adaptive Traffic Congestion Avoidance in Real-Time Inspired by Honey Bee Behavior

Horst F. Wedde, Sebastian Lehnhoff, Bernhard van Bonn, Z. Bay, S. Becker,
S. Böttcher, C. Brunner, A. Büscher, T. Fürst, A.M. Lazarescu, E. Rotaru, S. Senge,
B. Steinbach, F. Yilmaz, T. Zimmermann

University of Dortmund, School of Computer Science, 44227 Dortmund

Zusammenfassung. Traffic congestions have become a major problem in met-
ropolitan areas world-wide, within and between cities, to an extent where they
make driving and transportation times largely unpredictable. Due to the highly
dynamic character of congestion building and dissolving this phenomenon ap-
pears even to resist a formal treatment. Static approaches, and even more their
global management, have proven counterproductive in practice. Given the latest
progress in VANET technology and the remarkable commercially driven efforts
like in the European *C2C* consortium, or the VSC Project in the US, allow
meanwhile to tackle various aspects of traffic regulation through VANET
communication. In this paper we introduce a novel, completely *decentralized*
multi-agent routing algorithm (termed *BeeJamA*) which we have derived from
the foraging behavior of honey bees. It is highly dynamic, adaptive, robust, and
scalable, and it allows for both avoiding congestions, and minimizing traveling
times to individual destinations. Vehicle guidance is provided well ahead of
every intersection, depending on the individual speeds. Thus strict deadlines are
imposed on, and respected by, the *BeeJamA* algorithm. We report on extensive
simulation experiments which show the superior performance of *BeeJamA* over
conventional approaches.

1 Introduction

In densely populated European regions like Germany even wide-area transport planning easily comes to its limits, due to rapidly increasing congestion problems, not
only on inner-city roads but also on national routes or interstate freeways. The increasing geographic density of congestive situations creates several serious and complex problems regarding the timely arrival of goods or persons, i.e. of *minimizing
transportation time and distances*. However, while car drivers or truckers in a con-
gested area rely on built-in navigators these execute identical algorithms for computing "shortest" detour paths (the deterministic *Dijkstra* Shortest Path Algorithm). Thus
they may well choose the same detour around a heavy traffic space, through typically
lower priority roads, causing much heavier congestions than the ones they tried to
escape from.

In this paper we discuss *on-line* routing for avoiding congestions. From studies of the
realistic honeybee communication in our *BeeHive* project, distributed multi-agent
algorithms for network routing [1,2,3] have been derived over the past 5 years. These
have been found to be considerably superior in the field, regarding e.g. flexibility,
real-time, or fault tolerance. In the spirit of this approach we will define, in this paper,

a tailored multi-layer distributed routing algorithm termed *BeeJamA* (aimed at traffic *jam a*voidance). We will demonstrate its quality w.r.t. both timely reactions to upcoming congestions and finding appropriate detours. This is a key step towards a realistic transport planning under ever present congestions. Since vehicle guidance is provided well ahead of every intersection ('left', 'straight', 'right'), depending on the individual speeds strict deadlines are imposed on, and respected by, the *BeeJamA* algorithm.

Previous and Related Work. There has been, for the past few years, an enormous amount of work and generous funding for traffic control, e.g. transport planning, novel prediction mechanisms for traffic jams [4,5] (although restricted to freeways) based on broadcasting of congestion information. A broad coalition of car manufacturers and public institutions, both in Europe and the US, have advertised automotive-related research and development covering both crash and congestion avoidance [6,13]. However, congestion avoidance has barely been addressed so far: If not prescribed statically, detours are computed individually through static algorithms.

Organization of the Paper. In section 2 we introduce the *BeeJamA* model and algorithm within a basic traffic model. Based on real data for congestive behavior we define, in section 3, a mathematical quality rating function needed for directive decisions in the routing process. Extensive comparative simulations within a real traffic model reported in section 4 reveal the substantial advantage of *BeeJamA* over standard routing algorithms as used in automated navigators. The last section summarizes the results and discusses an outline for our ongoing and future work

2 The BeeJamA Algorithm

Initially, we modeled bee agents in packet switching networks for the purpose of finding suitable paths between sites. In our previous work [1,2,3] we extensively borrowed from the principles behind bee communication. Through this work we developed novel network routing protocols *BeeHive* and *BeeAdHoc* (for wireless ad-hoc communication) that proved far superior to common routing protocols, both single and multipath (e.g. OSPF, DGA, etc.). Due to space limitations we refer the reader to [1,2,3].

For the *BeeHive* Algorithm to adapt to the highly dynamic problem of routing vehicles, and to avoid traffic congestions, we follow a layered approach where cars are routed from intersection to intersection on a next hop basis. The modified algorithm is called *BeeJamA*. On the first layer *edges represent roads and nodes represent intersections.* We call this layer the *area layer* (see Abb. 1). Areas are chosen small enough such that traffic information could be handled through a regional service, a **navigator** (see the upper part of Abb. 1). For this purpose we rely on transmission or propagation posts for cell telephony e.g. installed on high-rise buildings in cities. This way we would combine moderate investments with a lean routing management.

Different from packet switching networks, traffic intersections do not possess the capability to maintain routing tables (as in *BeeHive*) and communicate with approaching or crossing cars. Thus their task is taken over by a *regionally responsible navigator for each area*. These *navigators* manage routing tables for the nodes in their area and maintain communication with each vehicle in their area as well. The area size of a single *navigator* will be designed to be large enough to offer sufficient alternative routes to cope with major traffic incidents (e.g. blockage of a highway lane) but small enough to allow timely next-hop selections for each vehicle before the next road intersection is reached (by imposing rigid deadlines).

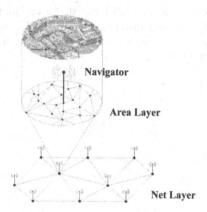

Abb. 1. Layered Routing Model

Cars continuously transmit their position, speed and destination to the responsible area navigator. The *navigator* uses this information to update the information in its routing tables, and to supply vehicles with appropriate routing information in time before reaching the next node.

Routing between areas occurs on the Net Layer (Abb. 2). Net layer nodes represent areas, and edges represent roads that connect neighboring areas. If more than one road connects two neighboring areas, the edge is rated with the single highest quality (lowest travelling costs) of those roads. (Please note that we route single vehicles and cannot utilize more than one route at a time, different from packet switching).

The routing approach is given by the *BeeHive* framework. However, the edge quality depends on traffic quality functions introduced in section 3, resulting in the novel *BeeJamA* algorithm. For the time being we assume that each road is given a quality that reflects its length, its allowed maximum speed, the vehicle density, etc. (We will still use the term costs.)

We demonstrate the routing mechanisms with a very simple "honeycomb" model (see Abb. 2). Each area consists of 7 nodes and has exactly 6 neighboring areas to each of which it is connected by a single road (with one lane in each direction).

2.1 Routing Across the Net Layer

Usually automobiles must cross several areas to reach their individual destinations. For routing across the net layer the network is partitioned into fixed *foraging regions*, and each node maintains a specific *foraging zone* that consists of all neighboring nodes within a certain hop range. Abb. 2 depicts our base "Honeycomb" model. The net-layer consists of two foraging regions (A, E, I, M, H, L and B, C, D, F, G, J, K, N). The foraging zone of node (area) A (B, C, E, F, H, I) is highlighted.

For routing on the net layer three types of routing tables are needed: The *Intra Foraging Zone* table (IFZ_{net}), the *Foraging Region Membership* table (FRM_{net}) and *Inter Foraging Region* table (IFR_{net}). The updating process for all routing tables is similar to *BeeHive* and done by software "bee" agents. But instead of recording propagation and queuing delays to calculate routing costs for updating trip costs, agents propagate local traffic qualities of currently traversed roads. The next area on a vehicle's route to its destination is selected probabilistically according to the costs of the routes in the current node's routing tables.

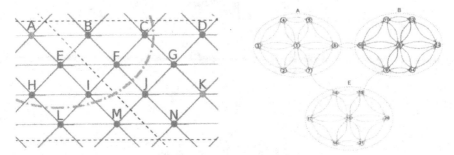

Abb. 2. Net-Layer (Left) and Area-Layer (Right) in the Base "Honeycomb" Model

The IFZ_{net} table stores routing information for all the nodes in its foraging zone and contains the costs of all routes to a node within its foraging zone by travelling over a direct neighbor (see Tab. 1). Tab. 1 depicts the IFZ_{net} table of node A.

Tabelle 1. Intra Foraging Zone Table of Node A

IFZ_{net}(A)	B	C	E	F	H	I
B	c_{BB}	c_{CB}	c_{EB}	c_{FB}	c_{HB}	c_{IB}
E	c_{BE}	c_{CE}	c_{EE}	c_{FE}	c_{HE}	c_{IE}

Hence, c_{CB} represents the costs of traveling from node A to node C over node B.
The FRM_{net} table maps each node to its foraging region and thus consists of two rows equal in size, to the total number of nodes on the net layer (see Tab. 2).

Tabelle 2. Foraging Region Membership Table

FRM_{net}	A	B	C	D	E	...
	R_A	R_K	R_K	R_K	R_A	...

In our example node C belongs to region R_K, which has node K as its representative node.
The IFR_{net} table stores routing information to representative nodes in the network. If a node has to be reached that is not known in the IFZ_{net} table of the current node, IFR_{net} provides routing information to the representative node of the destination node's foraging region (see Tab. 3), which is known via the FRM_{net} table.

Tabelle 3. Inter Foraging Region Table of Node A

IFR_{net}(A)	R_A	R_K
B	c_{AB}	c_{KB}
E	c_{AE}	c_{KE}

In our example with two representative nodes A and K, c_{KE} represents the costs for travelling towards region R_K over neighbor E.

Once the next area for a vehicle's route to its destination is selected on the net layer, the vehicle will be routed on the area layer. Vehicles either want to reach a destination within the current area, or cross the area to reach a destination within a different area. Areas are connected by so called *border nodes*. Border nodes have at least one edge in common with a node from a different area. In our basic example (see Abb. 2) each area has 6 border nodes, which connect one area with each of its 6 neighbors.

For routing on the area layer a major adjustment is made to the network partitioning of standard *BeeHive*: *There is only one foraging zone for all nodes within an area, and the foraging zone coincides with the area.*

2.2 Routing on the Area Layer

In *BeeJamA* every node "knows" the routes to all nodes within its area. In our example the common foraging zone/region for each node within area A consist of all nodes 1, 2, 3, 4, 5, 6, 7 (see Abb. 2).

Routing itself is again based on the standard *BeeHive* algorithm and utilizes the three types of routing tables: The *Intra Foraging Zone* table (IFZ_{area}), *Inter Foraging Region* table (IFR_{area}) and the *Foraging Region Membership* table (FRM_{area}).

The IFZ_{area} table is similar to the IFZ_{net} table and contains information about the costs to reach each node in its foraging zone. Tab. 4 depicts the IFZ_{area} table of node 4.

Tabelle 4. Intra Foraging Zone Table of Node 4

$IFZ_{area}(4)$	1	2	3	4	5	6	7
1	c_{11}	c_{21}	c_{31}	c_{41}	c_{51}	c_{61}	c_{71}
3	c_{13}	c_{23}	c_{33}	c_{43}	c_{53}	c_{63}	c_{73}
5	c_{15}	c_{25}	c_{35}	c_{45}	c_{55}	c_{65}	c_{75}

Hence, c_{71} represents the costs of traveling from node 4 to node 7 over node 1. On the area layer the IFR_{area} table is significantly different from the IFR_{net} table. The IFR_{area} area table consists of routing information about the transitions to other areas over *border nodes*. Thus, the IFR_{area} table is unique for each area, and equal for all nodes within an area.

Please note that the IFR_{area} table is sparsely populated. Although costs for transitions to a neighboring area could be calculated for all border nodes (e.g. the costs to reach area B over node 7 and thus over area E), entries are only non-empty for a transition from a border node x to an area Y if node x has at least one edge in common with a node from area Y. This is done because the next-area selection is done on the net layer, and it should not eventually come into conflict with selections on the area layer. Tab. 5 depicts the IFR_{area} table for area A.

Tabelle 5. Inter Foraging Region Table of Area A

$IFR_{area}(A)$	B	E	...
6	c_{B6}	-	
7	-	c_{E7}	
...			

The FRM$_{area}$ table is a mapping of nodes to areas (and thus is most suitable described as a road directory). Tab. 6 depicts the FRM$_{area}$ table of our basic example network.

Tabelle 6. Foraging Region Membership Table of the Network

FRM$_{area}$	1	...	7	8	...	14	15	...	21	...
	A	...	A	B	...	B	E	...	E	...

3 Quality Rating Function

One of the key challenges of applying the *BeeHive* algorithm to vehicle routing is the development of a rating function for road traveling costs. This function is utilized to evaluate each edge on the area layer reflecting the actual traffic situation on the corresponding road section. In *BeeJamA* the focal point is to avoid traffic congestions but the avoidance of heavy traffic may be adverse to the objectives of an individual driver. Long detours that might lower the traffic density on a stressed road may not be acceptable to individual drivers.

The main cause for traffic congestions is an excessive density of vehicles on a road that leads, in combination with unpredictable acceleration and breaking behavior of individual drivers, to an average travelling speed that is far below the maximum travel speed of that particular road.

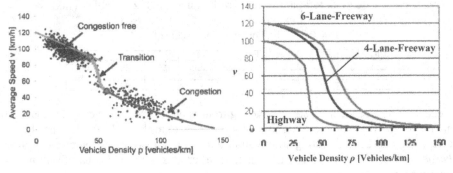

Abb. 3. ρ-v-Diagram for 4-Lane-Freeways, taken from [8] and Calculated ρ-v-Diagrams for Different Road Types

Through extensive empirical studies in [7,8,9] the interdependencies of average vehicle speed, a street's vehicle density and the traffic quality (in terms of congestion) have been studied for 2-lane-highways, 4-lane and 6-lane-freeways. Abb. 3 shows the progression of the approximated density-speed-curve for 4-lane-freeways.

The curve is partitioned into 3 sections characterizing a congestion free state, a transitional state rather difficult to interpret, and traffic congestions. The ρ-v-curves for highways and 6-lane-freeways are of similar shape but differ in their maximum speed v_{max} (intersection with the v-axis), and in the points at which the three different traffic states merge [8]. For our model we approximated the ρ-v-curves with three functions over three separate intervals. For $0 < \rho \leq \alpha$, $\alpha < \rho \leq \beta$ and $\rho > \beta$ where α and β specify the vehicle densities at which the transitions between the three different states can be observed.

Two parameters A and B are used to specify the average speeds at which the three states merge. The functions are:

$$0 < \rho \leq \alpha : v_{Edge} = \frac{(A - v_{max})}{\alpha^2} \rho^2 + v_{max} \tag{1}$$

$$\alpha < \rho \leq \beta : v_{Edge} = \frac{(\rho - \alpha)(B - A)}{\beta - \alpha} + A \tag{2}$$

$$\rho > \beta : v_{Edge} = \frac{\beta^4}{\rho^4} B \tag{3}$$

Exemplary parameters for the different road types are given in Tab. 7, and the calculated ρ-v-curves are found in Abb. 3.

Tabelle 7. Parameters for Different Road Types

	v_{max} [km/h]	α	β	A	B
Highway	100	35	40	72	20
4-lane-freeway	120	45	55	86	40
6-lane-freeway	120	50	70	86	40

The costs of an edge would then be calculated as $c_{Edge} = l_{Edge} / v_{Edge}$, where l_{Edge} is the length of the relevant edge. Thus, the costs for travelling over an edge may be interpreted as the estimated travel time over that edge.

In our estimated model the trip costs c_{is} for a vehicle to travel from its current node i to its destination node s are then calculated, in analogy to *BeeHive* according to $c_{is} \approx c_{in} + c_{ns}$, with c_{in} being the cost for travelling from the current node i to a neighboring node n, and c_{ns} is the cost for travelling from that neighbor to the destination node s. In *BeeJamA* a route r may only be selected if its travel cost c_r does not exceed a dynamical threshold $t_h \geq c_r$ (and thus would not result in detours inacceptable to individual drivers).

4   Simulation Studies

In the course of our project work we developed a traffic simulator to satisfy our needs to test and evaluate *BeeJamA* in different scenarios against common routing algorithms. To emulate realistic traffic movement we utilized well-established traffic models initially developed by Nagel and Schreckenberg and refined ever since [5,10,11,12]. These cellular automata are step-based, and sequentially compute each cell's next state based on a set of probabilistic rules, depending on the current cell's state. (More details about our traffic simulator would carry us beyond the page limitations)

Abb. 4. Small Realistic Ruhr District Scenario

We set up several simple scenarios (e.g. the base "honeycomb" model) as well as realistic road scenarios based on commercially available topological road data of the eastern German Ruhr District (see Abb. 4). We evaluated *BeeJamA* against *Dijkstra*-based shortest (*fastest*) path routing which is utilized in most of today's car navigational systems in combination with regularly updated traffic information. In most European countries traffic message channel broadcasting (TMC) is utilized to supply navigational systems with up-to-date traffic information. TMC updates are usually made available every 5-20 minutes. For commercial reasons TMC updates often are further delayed by up to 20 minutes. In order to compare *BeeJamA* with a more ideal conventional system, we assume that data updates are made available to *Dijkstra* routed vehicles every 10 minutes. In our simulations we evaluate both, the ability to avoid system wide traffic congestions as well as individual travel times to destinations. We conducted a series of comparative experiments with a section of the Ruhr District and traffic generated on 4 nodes. All drivers try to reach one common destination.

Tabelle 8. Experimental Setup

Source Nodes: A, B, C, D	Destination Node: E
New Vehicles per second: 3 (1 per Node)	Simulation Time: 3600sec
Dijkstra Update Interval: 600sec	Max Speed for Vehicles: 135 km/h
Tempo limits	135 km/h (freeways)
	80 km/h (highways)
Highways	$\alpha = 35, \beta = 40$ [vehicles/km]
	A = 50, B = 10 [km/h]
4-Lane-Freeway	$\alpha = 40, \beta = 55$ [vehicles/km]
	A = 70, B = 30 [km/h]
5-Lane-Freeway	$\alpha = 40, \beta = 55$ [vehicles/km]
	A = 70, B = 30 [km/h]

Experiments were conducted 10 times each, for *BeeJamA* based routing and *Dijkstra* routing. We monitored each road's travel speed throughout the experiments. The traffic state classification from section 4 is used to estimate congestion situations on different road types (see tab. 8). In Abb. 5 maximum vehicle densities on different road types are plotted against the simulation time for *Disjkstra*-based routing and *BeeJamA* routing. Abb. 6 depicts the distribution of individual travel times for vehicles arriving at their destination at an arrival time *t*. The traffic scenario consists of two freeways (Abb. 4), edges *a*, *b* and *c*. The remaining edges in the scenario are classified as highways. In the *Dijkstra*-based routing experiment, the traffic generated at nodes A, B, C and D initially utilizes both freeway edges *a* and *b* to reach the common destination node E.

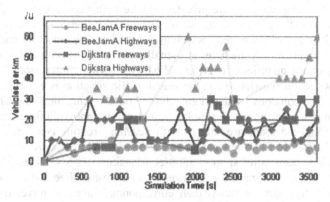

Abb. 5. Vehicle Densities

After 300sec local congestion clusters emerge with approx. 10-15 vehicles involved while the overall traffic remains fluent. After about 500sec vehicles on both edges *a* and *b* are piling up and congestions occur. Individual travel times increase considerably. In reaction to this, cars from source nodes A, C and D are routed to take edge *d* which is less populated at that moment and thus receives a better rating. Vehicles from node B continue to take edge *b* since cars originating here are mostly unaffected by the congestion tailback on the highways leading towards the freeway edge *b*.

As a result, after 800sec vehicles with low travel times of approx. 220sec which were routed over the empty edge *d* reach their destinations. At the same time delayed vehicles routed over the jammed edge *a* arrive at node E with travel times of 500sec and higher (see Abb. 6).

Traffic on edge *d* quickly builds up and travel times increase. At the same time congestions on the freeway dissolve and travel times for vehicles from node B (routed over *a* and *b*) improve drastically. Thus, after 1200sec vehicles are again rerouted to take the now enhanced edges *a* and *b*. This oscillating behavior is observed throughout the remaining simulations and is depicted in Abb. 5 and 6.

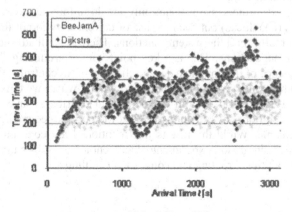

Abb. 6. Travel Times

With *BeeJamA* routing vehicles are prorated to take both freeways and highways at dynamic rates. At the beginning of the simulation vehicles from nodes A, B, C and D are routed in the direction of edge *a* as well as the *d*, directly connecting node A with the destination area (towards the latter at a smaller percentage). With traffic filling up and thus reducing the qualities of edges *a* and *b* highways are chosen more frequently. At approx. 600sec a somewhat stable yet fluent traffic situation is established in the scenario. This situation does not deteriorate throughout the remaining simulations.

In our experiments (after an initial simulation interval of approx. 200sec) traffic densities on all monitored roads are smaller with *BeeJamA* routing compared to corresponding road types in *Dijkstra* routing (see Abb. 5). With *Dijkstra*-based routing heavy congestions occur after approx. 1800sec (densities of 55 vehicles per km and more). With *BeeJamA* routing the system remains congestion free and average travel times are lower (or equal at most) than corresponding average travel times with *Dijkstra*-based routing.

5 Conclusion

The target area of our current work is the Ruhr District, the largest and very densely populated industrial region in Europe (compare section 3). It is built from a conglomerate of more than 12 cities along the Ruhr River. While this structure poses a very high practical challenge for traffic regulation, its very dense and complex intra-city and inter-city road system is at the same time an unrivalled reservoir for Swarm Intelligence based approaches like *BeeJamA*. In order to solve the highly dynamic traffic congestion problem we have introduced, in the *BeeJamA* project, highly adaptive multi-layer routing algorithms which are meant to direct cars or trucks from road intersection to intersection. Since, in turn, the individual information ('left', 'straight', 'right') has to be received well ahead of each intersection (deadlines depending on the individual speeds) we had to solve a stringent real-time problem for our distributed *BeeJamA* operations. For this purpose we built upon our work in adaptive network routing (*BeeHive* project). The major breakthrough stems from an extensive survey of traffic data allowing for empirically defining a mathematical quality rating function for local decision making.

Our algorithms are *robust* in the sense that not only would unforeseen events (accidents) create blockings (deadlocks) but even in case of drivers who do not follow the directions these do not really spoil the system functions: There are still advantages for drivers who follow the suggestions. This is a key point while introducing *BeeJamA* into practice, a consequence of the complete decentralization of all control actions.

Our current experimental evaluation work has reached a point where we cover a substantial portion of the Ruhr District area in Germany. Our distributed layer concept lends itself easily to extend our investigations beyond the current geographic scope: *BeeJamA* is highly scalable. While the results just mentioned are conceptually not unexpected our extensive simulation experiments document a very substantial advantage of *BeeJamA* over traditional routing and congestion handling.

6 Literatur

1. H. F. Wedde and M. Farooq. *A Performance Evaluation Framework for Nature Inspired Routing Algorithms*. In Proceedings of EvoComNet'05, Springer LNCS, March 2005.
2. H. F. Wedde, M. Farooq, and Y. Zhang. *BeeHive: An Efficient Fault Tolerant Routing Algorithm Inspired by Honey Bee Behavior*. In Proceedings of the ANTS 2004 Workshop, volume 3172. Springer LNCS, September 2004.
3. H. F. Wedde and M. Farooq. *BeeHive - Routing Algorithms Inspired by Honey Bee Behavior*. In Künstliche Intelligenz, (4) :18 - 24 , Gesellschaft für Informatik e.V., 2005.
4. SFB 637, official homepage at: http://www.sfb637.uni-bremen.de
5. R. Barlovic, J. Esser, K. Froese, et. al. *Online Traffic Simulation with Cellular Automata*. In Proceedings of the FVU, Springer Heidelberg, 1999.
6. C2C Consortium, official homepage at: http://www.car2car.org
7. L. Neubert et. al. *Statistical Analysis of Freeway Traffic*. In Traffic and Granular Flow '99, Springer, 2000.
8. Ning, W. Verkehr auf Schnellstraßen im Fundamentaldiagramm - ein neues Modell und seine Anwendungen, University of Bochum, Internal Report 2000.
9. B. Tilch, D. Helbing. *Evaluation of Single Vehicle Data in Dependance of Vehicle-Type, Lane and Site*. In Traffic and Granular Flow '99, Springer, 2000.
10. M. Schreckenberg and K. Nagel. *A Cellular Automaton Model for Freeway Traffic*. J. Phys. I France 2, 2221. 1992.
11. M. Rickert. Simulation zweispurigen Verkehrsflusses auf der Basis zellularer Automaten. PhD Thesis, University of Cologne (Germany), 1994.
12. W. Knospe. Synchronized traffic: Microscopic Modeling and Emirical Observations. PhD Thesis, University of Duisburg (Germany), 2002.
13. U.S. Department of Transportation: Vehicle Safety Communications Project, online at: http://www-nrd.nhtsa.dot.gov

Leistungsmessungen zum Einsatz der J2EE Technologie für Feldbussimulationen

Thorsten Garrels, Hendrik Jürgens, Uwe Schmidtmann und Gerd von Cölln

I²AR · Institut für Informatik, Automatisierungstechnik und Robotik

Zusammenfassung. Die Flexibilisierung der Fertigung und kurze Produktzyklen setzen einen beschleunigten, möglichst fehlerfreien Entwicklungsprozess voraus. Dieses Ziel kann jedoch nur erreicht werden, wenn bereits parallel zur Hardwareentwicklung die Software mit Hilfe einer Simulation der Hardware entwickelt und getestet werden kann. Darüber hinaus können mit Simulationen alternative Lösungen studiert werden, die zu optimierten Verfahren führen. In dieser Arbeit werden Leistungstests an der Simulationsumgebung *drd-simulator* präsentiert, die auf der J2EE-Technologie[1] basiert. Für die Messungen wird eine Soft-SPS eingesetzt, deren Feldbus vom Typ ModbusTCP simuliert wird. Erste Messungen zeigen, dass J2EE eine leistungsstarke und skalierbare Plattform für die Realisierung von Feldbussimulationen ist. In einem Zyklusbereich ab 100 ms ist das E/A-Verhalten echtzeitfähig, wobei mehrere Steuerungen auf den Bus zugreifen können. Die J2EE-Technologie zeichnet sich zudem durch eine gute Ausfallsicherheit und dynamische Rekonfigurierbarkeit aus, so dass Tests dynamisch zur Laufzeit ergänzt oder verändert werden können.

1 Einleitung

Einfach und schnell zu rekonfigurierende Fertigungssysteme sind entsprechend vieler Prognosen (s. [3,2,1]) ein Muss für die zukünftige Fertigung. Aktuelle Planungen für neue Produktionslinien belegen, dass dieser Prozess bereits in Gang gekommen ist. Fertigungen werden künftig durch Cluster von eingebetteten Controllern und den an ihnen angeschlossenen Feldbussen und I/O-Geräten bestimmt werden. Insbesondere stellt die individuelle Ausprägung der Produkte hohe Anforderungen an die Software, die sich flexibel auf die jeweils unterschiedlichen Bauteile und Montageanleitungen einstellen muss. Dies lässt bereits erkennen, dass der Informationsbedarf zwischen allen Komponenten der Fertigung zukünftig immens steigen wird, und es neuer Projektierungs-, Programmierungs- und Analysewerkzeuge bedarf, um diesen neuen Anlagengenerationen gerecht werden zu können.

In den letzten Jahren hat es diverse Untersuchungen und neue Ansätze gegeben mit dem Bestreben, der steigenden Komplexität der Anlagen Herr zu werden. Beispielhaft seien hier »Service-Orientated-Architecture« (SOA) und »Model-Driven-Architecture« (MDA) genannt, die sicher sehr dazu beigetragen haben,

---

[1] J2EE – Java 2 Enterprise Edition, Sun Microsystems Inc.

die »Plug-and-Play«-Philosophie in der Automatisierungswelt zu etablieren. Die genannten Ziele sind jedoch nur realisierbar mit einer durchgängigen Werkzeugkette, die den gesamten Entwicklungsprozess unterstützt, wie sie beispielsweise durch die O^3NEIDA-Initiavive[2] formuliert wird.

In den letzten Jahren sind am Institut I^2AR (s. [7]) Konzepte entwickelt worden, wie Informationen aus verschiedenen Entwicklungswerkzeugen derart miteinander verknüpft werden können, so dass nachgelagerte Werkzeuge (back-end tools) dieses Wissen ohne zusätzlichen manuellen Aufwand für ihre Zwecke nutzen können. Der Anstoss für diese Überlegungen wurde durch die Entwicklung des drd-simulators gegeben, der eine Simulation der Hard- und Software einschließlich einer 3-D-Visualisierung ermöglichen sollte. Hierzu müssen Informationen aus CAD (speziell LOGOCAD/TRIAGA von EPLAN), CAE (speziell ePlan5 von EPLAN) und einer IDE-Plattform (speziell ems-drd von SENGATEC) zueinander in Relation gebracht werden. Exemplarisch sei hier die Vernetzung der Informationen über die Antriebsachse eines Förderbandes (CAD) mit denen über den zugehörigen Antrieb sowie dessen Frequenzumrichter bis hin zum Industrie-PC (CAE + IDE) genannt. Die Idee des drd-simulator basiert dabei auf zwei Technologien: VRML[3] und J2EE.

Aus der CAD-Konstruktionszeichnung einer Anlage kann eine VRML-Datei exportiert werden, die in einem Java-3D-Browser dadurch animiert werden kann, dass beispielsweise die Winkelwerte einer Antriebsachse kontinuierlich verändert werden. Hierfür sind Sprachkonstrukte in VRML vorgesehen, welche die Animation unterstützen und die über sogenannte Sensorknoten auch Reaktionen zurückmelden, wenn beispielsweise Objekte einander durchdringen. Damit können die Aktoren und Sensoren entsprechend in der VRML-basierten Visualisierung integriert werden. Die E/A Komponenten der Feldbusse interagieren mit den entsprechenden Objekten der Visualisierung und steuern so die Animation der Anlage.

Für die Simulation der Feldbuskomponenten im drd-simulator wurde die J2EE-Plattform gewählt, da sie einerseits mit der Java-Plattform der Visualisierung gut harmoniert und anderseits dynamisch rekonfigurierbar und skalierbar ist. Feldbusse und ihre Module werden dabei auf Java Klassen abgebildet, wobei herstellerspezifische Besonderheiten durch spezielle Objektinstanzen abgedeckt werden. SPSen oder Industrie-PCs können so über entsprechende Feldbusserver an die Simulation dynamisch angeschlossen werden. Selbst laufende Simulationen können so unterbrechungsfrei durch das Zuschalten weiterer Steuerungen und Feldbuskomponenten modifiziert werden. Aufgrund des modularen Konzeptes können Teile des drd-simulators durch andere Werkzeuge ausgetauscht werden. Beispielsweise lässt sich die Visualisierung durch Werkzeuge zur Leistungsmessung ersetzen.

Trotz der gut einsetzbaren Eigenschaften von J2EE im Bereich der SOA, standen Real-Time-Anforderungen nicht im Fokus der Entwickler. Erste Er-

---

[2] O^3NEIDA – Open Object-Oriented kNowledge Economy for Intelligent inDustrial Automation http://www.oooneida.org

[3] VRML– Virtual Reality Modeling Language

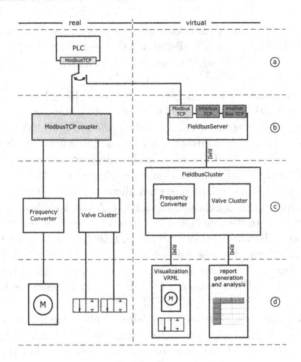

Abb. 1. Im Allgemeinem besteht eine Fertigungsanlage aus vier Ebenen: (a) intelligente Steuerungseinheiten (Industrie-PC, SPS), (b) Feldbusse mit E/A-Komponenten, (c) Aktoren und Sensoren und (d) Maschinenteile

fahrungen mit dem *drd-simulator* deuteten daraufhin, dass J2EE durchaus für Simulationen von Feldbussen geeignet sein könnte. Mit dieser Arbeit soll die Skalierbarkeit und Performanz der J2EE Technologie für die Feldbussimulation untersucht werden.

Nach einer kurzen Darstellung der Voraussetzungen sowie der Messumgebung im Abschnitt 2 werden die Resultate der Messungen im Abschnitt 3 vorgestellt und diskutiert.

2   J2EE und Simulationsmodell

Skalierbarkeit und Flexibilität stellen die zentralen Aspekte des *drd-simulators* dar. Da diese Aspekte ebenfalls den Kern der J2EE Spezifikation bilden, ermöglicht die Einbettung der Simulation in eine solche Umgebung es dem *drd-simulator*, von den bewährten auf dem Markt verfügbaren J2EE Implementierungen zu profitieren.

Das modulare Konzept des *drd-simulators* erlaubt die Modifikation des Simulationsmodelles zur Laufzeit. Die auf Plugins basierende Struktur bietet sowohl die Möglichkeit virtuelle Hardware als auch neue Feldbussysteme nach dem Baukastenprinzip hinzuzufügen.

Dieser Ansatz ist universeller als der von Nagy-Kulcsar et al [6], welche die Simulation auf einen einzigen Feldbustypen beschränken oder die Reduktion auf Messungen des Zeitverhalten des Protokolles, wie von Hohwiller und Wendling [4] durchgeführt.

2.1 Java Beans

J2EE ist eine von Sun Microsystems spezifizierte Softwarearchitektur für die Entwicklung von verteilten, mehrschichtigen Enterprise-Anwendungen. Um das Design und die Entwicklung dieser Systeme zu vereinfachen, beinhaltet die Spezifikation das Konzept der Enterprise Java Beans (EJB). Die Rahmenbedingungen beschränken die Auswahl auf diejenigen Applikationsserver, welche unter einer open-source Lizenz vertrieben werden. Unter dieser Prämisse fiel die Wahl auf den Applikationserver der Firma Jboss Inc., welcher zum einen bereits »out of the box« clusterfähig ist und zum anderen durch einen umfassenden Support besticht, der neben dem durch JBoss Inc. angebotenen kommerziellen Dienstleistungen durch eine grosse und hilfsbereite Benutzergemeinde abgerundet wird. Die J2EE Spezifikation beschreibt zwei unterschiedliche Arten der EJB, welche im Folgenden kurz beleuchtet werden.

Session Beans kapseln die Anwendungslogik. Während *stateful* Session Beans ihren Zustand zwischen zwei Methodenaufrufen behalten und damit an einen spezifischen Client-Kontext gebunden sind, ist dies bei der *stateless* Gattung nicht der Fall. Dieser Unterschied macht sich insbesondere in einer verteilten Umgebung bemerkbar, da hier zu Erhaltung der Konsistenz der Zustand einer stateful Bean nach jeder Änderung im Cluster repliziert werden muss. Da die Rahmenbedingungen ein Verhalten fordern, dass dem einer Echtzeitanwendung möglichst nahe kommt, sollten *stateless* Beans nach Möglichkeit Verwendung finden, um den replikationsbedingten Aufwand zu vermeiden.

Entity Beans modellieren die persistenten Daten eines Systems und stellen damit die Verbindung zur Datenbank dar. Die Spezifikation unterscheidet zwei Arten von Entity Beans. Bei der Container Managed Persistence (CMP) übernimmt der Container autark die Persistenzsteuerung der Daten. Dies bedeutet zum einen, dass keinerlei SQL-Code für den Lebenszyklus der Bean[4] vom Entwickler implementiert werden muss, zum anderen erlaubt dies den Einsatz von containerbasierten Caching-Strategien, da dieser die volle Kontrolle über die Daten besitzt. Ein nicht zu unterschätzender Nachteil der CMP ist jedoch der stark eingeschränkte Sprachumfang von EJB-QL [5], welcher für die Implementierung von benutzerdefinierten Anfragen zur Verfügung steht.

Sofern die volle Kontrolle über die Datenhaltung erwünscht ist, bietet sich die Verwendung von Bean Managed Persistence (BMP) an. Im Gegensatz zur CMP obliegt die Implementierung der Persistenz-Logik hier dem Entwickler, so dass eine starke Bindung an das gewählte Datenbanksystem entsteht. Da BMP dem Container die Kontrolle der Daten entzieht, stehen natürlich auch die containerbasierten Caching-Strategien nicht mehr zur Verfügung, so dass etwaige

---

[4] Laden aus bzw. Speichern in das Datenbanksystem

Zugriffsoptimierungen ebenfalls vom Entwickler zu implementieren sind. Somit liegt die Vermutung nahe, dass CMP sowohl im Hinblick auf die Systemleistung als auch den Entwicklungskomfort die bessere Wahl darstellen wird.

2.2 Datenbanken

Da die Datenbank als gemeinsames Rückgrat der Simulation eine nicht unerhebliche Einflussgröße auf die Systemleistung darstellt, sollen im Folgenden verschiedene Datenbanksysteme untersucht werden. Aus der Anwendung der Rahmenbedingungen resultiert wiederum eine Beschränkung auf open-source Lösungen, aus denen die Kandidaten HSQLDB, PostgreSQL und MySQL ausgewählt wurden.

HSQLDB ist bereits im Lieferumfang des JBoss AS enthalten. Als rein in Java gehaltene »*in-memory*« Datenbank verspricht dieser Kandidat die beste Leistung, da keinerlei Datenträgerzugriffe erforderlich sind.

MySQL stellt nach eigenem Bekunden »*the world's most popular open source database*« dar. Unterstützt werden sowohl transaktionsfähige als auch transaktionslose dateibasierte Tabellen.

PostgreSQL stellt eine weitere bedeutende open-source Datenbank dar. Durch die fast vollständige ANSI-SQL 92/99 Unterstützung bietet PostgreSQL eine weitaus mächtigere Schnittstelle als MySQL oder HSQLDB. Jede Datenbankabfrage erfolgt bei PostgreSQL in einer Transaktion. In wie weit sich diese Restriktion auf die Systemleistung auswirkt, werden die Messungen zeigen müssen.

2.3 Implementierung des Simualtionsmodells auf Basis von J2EE

Wie aus Abbildung 1 ersichtlich, besteht die Testumgebung aus den nachfolgend beschriebenen Komponenten. Der **FieldbusServer** dient als Proxy zwischen einer oder mehreren SPS und dem im nächsten Absatz vorgestelltem FieldbusCluster. Eingehende ModbusTCP Anfragen werden analysiert, bearbeitet und in ein universelles, internes Format überführt. Dies erlaubt eine Anpassung des FieldbusServer*s* an weitere TCP/IP basierte Feldbusprotokolle allein durch Austauschen der protokollspezifischen Klassen des FieldbusServer. Im Zuge der Bearbeitung der eingehenden Pakete werden große Anfragen entsprechend der Anzahl der verfügbaren Clusterknoten segmentiert und im Cluster verteilt.

Die Implementierung des FieldbusClusters als J2EE Anwendung legt die Verwendung von Java als Grundlage für den FieldbusServer nahe.

Der **FieldbusCluster** bildet den Kern der Simulation. Diese auf J2EE basierende Komponente verwaltet den aktuellen Feldbuszustand, das Verhalten der angeschlossenen Geräte[5] sowie registrierte Sekundäranwendungen; etwa eine Visualisierung oder einen Report-Generator. Nachrichten an den Feldbus werden an Implementierungen der Klasse FieldbusObject weitergeleitet, welche das Verhalten realer Hardware nachbilden. Der aktuelle Zustand jedes Gerätes wird in der zugehörigen Entity Bean abgebildet und kann durch Threads modifiziert werden,

---

[5] z.B. das Verhalten eines Frequenzumrichters

um beispielsweise das Anlaufverhalten eines Motors simulieren zu können. Daher wird nur ein FieldbusObject pro Geräteart (Frequenzumrichter, Ventilinsel, ...) benötigt.

Verwundernd mag zuerst erscheinen, dass vor dem Setzen eines Wertes im Feldbus dieser zuerst aus der Datenbank gelesen werden muss. Dieses Verhalten ist durch die Natur von SPSen bedingt, da die Programme zyklisch im Takt einiger hundert Millisekunden abgearbeitet werden. Während der Abarbeitung werden Ausgänge entsprechend der Programmierung und in Abhängigkeit der gelesenen Eingänge gesetzt. Sollte die Auswertung der Eingänge beispielsweise ergeben haben, dass ein Motor anlaufen soll, so wird der entsprechende Ausgang, der den Frequenzumrichter ansteuert, gesetzt. Frequenzumrichter besitzen wie alle Feldbusgeräte dynamische Eingänge, diese reagieren nur auf Pegeländerungen. Die SPS kann somit ihre Ausgänge in jedem Zyklus neu setzen – die Geräte nehmen die Änderung nur beim Flankenwechsel war. Für die Simulation gilt dies jedoch nicht. Bei jedem Schreibzyklus der SPS werden die entsprechenden Setter des verantwortlichen FieldbusObject gerufen. Dieser erzeugt wiederum einen Thread, der die für das Anlaufen des Motors notwendige Frequenzrampe simuliert. Um die Analogie zu den Feldbusgeräten herzustellen und die Feldbus-Objekte ebenfalls nur auf Flankenänderungen reagieren zu lassen, wird der aktuelle Wert aus der Datenbank gelesen und mit dem zu setzenden Wert verglichen. Threads werden demzufolge nur gestartet, wenn die beiden Werte sich unterscheiden, was einem Flankenwechsel entspräche.

Eine alternative Lösung dieser Problematik wäre eine gerätebasierte Überprüfung laufender Threads. Da die Threads jedoch ausserhalb des Applikationsservers und damit lokal in der Java VM existieren, ist eine Threadverwaltung durch den Container nicht möglich. Die Implementierung eines gobalen Thread-Managers würde einen lokalen Manager auf jedem Clusterknoten voraussetzen, sowie einen Multicast vor jedem Schreibzugriff. Obgleich diese Alternative nicht implementiert wurde, darf bezweifelt werden, dass dieser Ansatz signifikant schneller sein wird als eine simple Datenbankabfrage.

3   Performance Tests

3.1   Testumgebung

Um die Leistungfähigkeit des Simulationsmodelles zu ermitteln, wurde eine Testumgebung bestehend aus sechs Computern analog der Daten aus Tabelle 1 herangezogen.

Tabelle 1. Testsetup

Prozessor:	*Intel Pentium 4 CPU 3.00GHz*
Speicher:	*1024 MB DDR-II*
Netzwerk:	*100 Mbit*

Entsprechend der Abbildung 1 wird die SPS durch ein Testprogramm ersetzt, welches die Frage-Antwort Zeiten gemäss des Testszenarios ermittelt. Um äußere Einflüsse sowie Wechselwirkungen möglichst gering zu halten, wurden alle Simulationsteile auf dedizierten Rechnern gestartet. Der FieldbusCluster selber besteht in Abhängigkeit des gewählten Szenarios aus einem, zwei oder drei Rechnern (Knoten). Der verbleibende Computer beherbergt schliesslich die Datenbank.

Von einer Implementierung des SPS-Testprogrammes in Java wurde aufgrund der nicht vorhersagbaren Ausführungszeiten des *garbage-collectors* Abstand genommen. Die gewählte Pascal-Implementierung des Programmes enthält diverse Testszenarien, die einzig durch die Spezifikationen des ModbusTCP Protokolles begrenzt sind. Jedes Szenario besteht aus zehn Einzelmessungen, bei denen Zufallsdaten in den Feldbus geschrieben, anschliessend wieder gelesen und mit den ursprünglichen Werten verglichen werden. Hierbei wird jeweils die Zeitspanne für den reinen Lese- und Schreibzugriff erfasst, und anschliessend der Durchschnitt aus allen zehn Messwerten ermittelt.

Die zur Verfügung stehenden Szenarien umfassen sowohl Tests für CMP und BMP mit *Registern* und *Coils*[6] in Verbindung mit den relationalen Datenbanken HSQLDB, MySQL und PostgreSQL welche jeweils mit unveränderter Konfiguration, d.h. im Auslieferungszustand, betrieben wurden.

3.2 Analyse

Die Messungen ergaben, dass sowohl *Register* als auch *Coils* gleich gut skalieren, die Lesezeit für 100 Coils also in etwa der für 100 Register entspricht. In Anbetracht der Tatsache, dass die Modbus-Spezifikation nur maximal 125 Register aber 1000 Coils erlaubt, werden im Folgenden nur noch Coils betrachtet.

Wie den Abbildungen 2 und 3 zu entnehmen ist, sind schreibende Zugriffe generell langsamer als lesende. Dies jedoch ist erwartungskonform da, wie bereits in Abschnitt 2.3 ausgeführt, vor jedem Schreibzugriff der aktuelle Wert aus der Datenbank gelesen wird. Der Einfluss dieses zusätzlichen Lesezugriffs auf das Zeitverhalten variiert von Datenbank zu Datenbank. Dies lässt sich grundsätzlich auf die zwei folgenden Einflussgrößen zurückführen. Zum einen ist nach dem Lesezugriff der Datensatz bereits bekannt und der unmittelbar folgende Schreibzugriff profitiert daher von internen Caching-Mechanismen. MySQL beispielsweise profitiert hiervon äusserst stark, so dass Lese- und die kombinierten Lese-/Schreibzugriffe ein nahezu identisches Zeitverhalten zeigen. HSQLDB profitiert nicht im selben Maße wie MySQL vom Caching, so dass Schreibzugriffe geringfügig langsamer als Lesezugriffe sind. Ungeachtet aller Cachingstrategien erweisen sich Schreibzugriffe bei PostgreSQL als signifikant langsamer. Der Grund hierfür ist die bei PostgreSQL obligatorische Verwendung von Transaktionen, welche die zweite Einflussgrösse auf das Zeitverhalten darstellen. Obgleich ihre Verwendung generell sinnvoll ist, ist der Einsatz bei den einfachen Tabellen der Feldbussimulation überflüssig. MySQL hingegen bietet mit MyISAM einen

---

[6] Als Coil wird im ModbusTCP Protokoll ein digitaler E/A bezeichnet

transaktionslosen Tabellentyp an, während eine Transaktionsunterstützung in HSQLDB gänzlich fehlt.

Eine allgemeingültige Aussage über die Bevorzugung von BMP oder CMP lässt sich nicht treffen, da der Einfluss auf die Systemleistung stark von dem Tupel *Entity-Bean-Typ* $\Leftrightarrow$ *Datenbank* abhängt. PostgreSQL beispielsweise profitiert stark von der Verwendung von CMP, wie der Vergleich von Abbildung 2 und Abbildung 3 verdeutlicht: Das Einlesen von 1000 Coils benötigt CMP-basiert 1260 ms, während die BMP-Variante 1940 ms benötigt. Analog hierzu zeigt sich das PostgreSQL-Verhalten bei Schreibzugriffen, bei denen die Verwendung von CMP ein durchschnittliches Ergebnis von 3140 ms liefert und BMP ungefähr 600 ms langsamer ist. Bei der Verwendung von HSQLDB sind die Ausführungszeiten für Lese- und Schreibzugriffe mittels BMP nahezu identisch. Umso gravierender stellt sich hingegen der Vergleich mit CMP dar, bei dem eine Verdoppelung der BMP-Zeiten festzustellen ist. Dies lässt auf eine äusserst ineffiziente CMP-Implementierung des Jboss AS schliessen.

HSQLDB enttäuscht also auf ganzer Linie. Als eine reine *in-memory* Datenbank wäre sie für das gegebene Szenario prädestiniert. Die Messergebnisse zeigen jedoch mit 3350 ms (BMP) und 6910 ms (CMP) das schlechteste Zeitverhalten aller getesteten Datenbanksysteme. Das eine *in-memory* Verwaltung nicht zwangsläufig zu besseren Ergebnissen führen muss, zeigt MySQL auf eindrucksvolle Weise. 1780 ms für CMP- und 1410 ms für BMP-basiertes Schreiben überzeugen ebenso wie die 1350 ms bzw. 1400 ms für die lesenden Zugriffe.

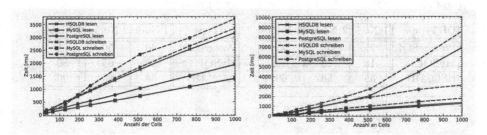

Abb. 2. Ergebnisse des Szenarios - Coils $\leftrightarrow$ BMP mit verschiednen Datenbanktypen   **Abb. 3.** Ergebnisse des Szenarios - Coils $\leftrightarrow$ CMP mit verschiednen Datenbanktypen

Da JBoss AS »*clustering out of the box*« anbietet, werden im Folgenden Szenarien mit einem aus mehreren Clusterknoten bestehenden Feldbussystem analysiert. In Anbetracht der Tatsache, dass MySQL bislang die besten Ergebnisse geliefert hat, werden im Folgenden nur noch Messungen mit dieser Datenbank durchgeführt.

Wie aus Abbildung 4 ersichtlich, übertrifft der mit BMP erreichte Durchsatz den des CMP Pendantes nicht nur bei Verwendung eines Einzelknotens, sondern ebenfalls in einer geclusterten Umgebung. Weiterhin ist zu erkennen, dass BMP linear skaliert in Bezug auf die Anzahl der aktiven Clusterknoten und die An-

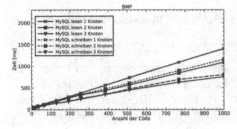
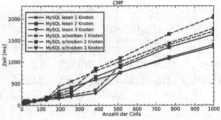

Abb. 4. Vergleich des Clusterverhaltens bei der Verwendung von BMP mit MyS-QL als Datenbank

Abb. 5. Vergleich des Clusterverhaltens bei der Verwendung von CMP mit MyS-QL als Datenbank

zahl der zu bearbeitenden Coils, jeweils bezogen auf das Antwortverhalten. Eine vergleichbare Linearität ist bei CMP nicht zu verzeichnen.

Die Messungen offenbarten eine weitere Schwäche der CMP bezogen auf das gegebene Szenario: Einen signifikanten Anstieg der Datenbanklast. Wie den Tabellen 2 und 3 zu entnehmen ist, steigt die CPU-Last bei PostgreSQL und HS-QLDB um ≈ 50%, bei Verwendung von MySQL sogar um das zweieinhalbfache, jeweils bezogen auf die Vergleichswerte mit BMP.

Tabelle 2. Durchschnittliche Datenbanklast [%] bei Verwendung von BMP und 1000 Coils

Tabelle 3. Durchschnittliche Datenbanklast [%] bei Verwendung von CMP und 1000 Coils

DBType	1 Node	2 Nodes	3 Nodes
PostgreSQL	25	35	45
MySQL	15	25	35
HSQLDB	35	50	60

DBType	1 Node	2 Nodes	3 Nodes
PostgreSQL	40	50	65
MySQL	50	65	80
HSQLDB	65	80	90

4   Fazit und Ausblick

Wider Erwarten haben CMP und HSQLDB sich nicht als erste Wahl bezüglich der Leistungsfähigkeit erwiesen. Im Gegenteil: Die Messungen ergaben, dass diese sich als die unvorteilhafteste Kombination überhaupt herausgestellt hat. Wie bereits erwähnt, scheint es Probleme mit der JBoss CMP Implementierung von HSQLDB zu geben, da sowohl MySQL als auch PostgreSQL sich mit CMP als signifikant schneller erwiesen haben. Problematisch erscheint in diesem Zusammenhang der in Abschnitt 2.2 diskutierte Transaktionszwang von PostgreSQL. Die Messungen bestätigen die transaktionsbedingten Leistungseinbußen.

Im direkten Vergleich zeigt sich, dass BMP, trotz aller eingangs erwähnten Vorteile der CMP, im Allgemeinen schneller ist. In Anbetracht dieser Tatsache und des Umstandes, dass die Verwendung von BMP eine bedeutend geringere Datenbanklast zur Folge hat, erweist es sich als erste Wahl. Besonders leistungsstark zeigt sich das Tupel BMP ⇔ MySQL, sowohl bei Verwendung eines Einzelknotens als auch im Clusterverbund. Hier konnte die *round-trip time* für das Lesen von 1000 Coils von 1400 ms auf 750 ms im Verbund mit drei Knoten gesenkt werden. Es kann davon ausgegangen werden, dass weitere Knoten das Zeitverhalten weiter verbessern.

Die vorliegenden Messungen bestätigen, dass sich eine J2EE Umgebung als Basis für die Simulation von Feldbussystemen eignet. Das modulare Konzept von J2EE spiegelt sich auch in der Implementierung des FieldbusCluster wieder. Dies ermöglicht das Hinzufügen und Entfernen von Komponenten zur Laufzeit und damit die in-time Modifikation des Modelles, welches wiederum eine enorme Flexibilität mit sich bringt. Es bleibt zu zeigen, in wie weit sich die Gesamtleistung des Systems weiter steigern lässt, wenn der Cluster um weitere Knoten erweitert, das Datenbank-Setup über die Installationsstandards hinaus optimiert, oder die Datenbank selbst geclustert wird. Einen weiteren Forschungsschwerpunkt stellt die Implementierung von herstellerspezifischen Geräten dar, um das Verhalten der simulierten Einheiten den realen weiter anzunähern. Nachdem bislang eine Schulungsanlage modelliert und mit der bestehenden SPS und dessen Steuerungsprogramm simuliert worden ist, stellt die Simulation einer größeren Fertigungsanlage den nächsten Entwicklungsschritt dar.

Danksagung

Die Autoren danken der *VW science foundation*, für die Förderung eines Forschungsschwerpunktes im Bereich clustered-computing. Weiterhin gilt der Dank den Firmen Phoenix Contact und SENGATEC für ihre Unterstützung.

Literaturverzeichnis

1. ARC. Automation for the Discrete Industrie Worldwide Outlook. Technical report.
2. J.G. Bollinger and et al. *VISIONARY MANUFACTURING CHALLENGES FOR 2020*. National Academy Press, Washington DC, 1998.
3. EU-Commission, editor. *MANUFACTURE — a vision for 2020 Assuring the future of manufacturing in Europe*, Luxembourg, 2004. Office for Official Publications of the European Communities, ISBN 92-894-8322-9.
4. L. Hohwiller and S. Wendling. Fieldbus network simulation using a time extended estelle formalism. *Modeling, Analysis and Simulation of Computer and Telecommunication Systems*, pages 92–97, 2000.
5. Sun Microsystems. *The J2EE Tutorial, Enterprise JavaBeans Query Language*. http://java.sun.com/j2ee/1.4/docs/tutorial/doc/EJBQL5.html, 2005.
6. L. Nagy-Kulcsar, P. Dobra, D. Moga, M. Dumitrean, and N. Stroia. Developing simulation models of open distributed control system and design concepts based on foundation fieldbus. *Automation, Quality and Testing, Robotics, IEEE International Conference*, pages 132–137, 2006.
7. U. Schmidtmann, G. Kreutz, N.P. Grimm, B. Wenker, and R. Koers. Inkrementelle Entwicklung von Produktionsanlagen über gekapselte Mechatronik-Objekte. *GI Eingebette Systeme, PEARL2005 Boppard*, Dezember 2005.

Echtzeit- und Regelungstechnische Aspekte bei der automatischen Transformation von Matlab/Simulink in SPS-basierten Steuerungscode

G. Bayrak, A. Wannagat, B. Vogel-Heuser

Fachbereich Elektrotechnik/Informatik, FG Eingebettete Systeme, Universität Kassel

Zusammenfassung. Die manuelle Übertragung von Modellen aus Werkzeugen der Reglungstechnik und in Werkzeuge der Automatisierungstechnik ist fehleranfällig und zeitraubend. In diesem Beitrag wird ein Codegenerator vorgestellt, welcher automatisch nahezu beliebige Modelle aus Matlab/Simulink direkt in ein ablauffähiges Steuerungsprogramm nach IEC 61131-3 transformiert. Die ursprüngliche graphische modulare Struktur von Simulink bleibt auch in der Zielumgebung durch die Verwendung des Continuous Function Chart (CFC), welcher von nahezu allen namhaften Herstellern unterstützt wird, erhalten. Die Ähnlichkeit der Abbildung erleichtert es, den generierten Code zu verifizieren und zu warten. Bisher konnte an einigen Beispielapplikationen, unter anderem eine Pitchregelung einer Windkraftanlage, das exakt gleiche zeitliche Verhalten des generierten Codes im Vergleich zum Simulink-Modell nachgewiesen werden.

1 Einleitung

Die Softwareentwicklung für automatisierungstechnische Anlagen ist oftmals dadurch geprägt, dass eine Vielzahl von verschiedenen Personen aus unterschiedlichen Domänen daran beteiligt ist. Der Informationstransfer gestaltet sich aufgrund der unterschiedlichen Methoden und Werkzeuge oft aufwändig. Insbesondere zwischen den Projektphasen stellt der Datenaustausch zwischen den verwendeten Werkzeugen mangels geeigneter Schnittstellen einen erheblichen Mehraufwand dar und birgt die Gefahr von Übertragungsfehlern[1]. Der hier präsentierte Codegenerator stellt eine Schnittstelle zwischen dem in der Regelungstechnik weit verbreitetem Werkzeug Matlab/Simulink [2] und den Programmiersprachen der IEC 61131-3 [3] dar. Er wurde am Fachgebiet für Eingebettete Systeme entwickelt und ergänzt den bisherigen Codegenerator, welcher aus UML-Modellen automatisch IEC 61131-3 konformen Code generiert [1,4]. Die Akzeptanz eines automatisch generierten Codes betrifft nicht nur dessen Qualität hinsichtlich der exakten Übertragung der Modelle, sondern auch dessen Verständlichkeit.

Der Regelungstechniker hat mit diesem Codegenerator die Möglichkeit, ein spezialisiertes Werkzeug wie, Matlab/Simulink [2] einzusetzen, um aufwändigere regelungstechnische Modelle, wie sie zum Beispiel bei Windkraftanlagen oder bei Spritzgussmaschinen vorkommen, zu erstellen. Mit der direkten Generierung von Steuerungscode aus Matlab, sind viele der genannten Probleme umgangen, die gewohnte Entwicklungsumgebung mit ihren Vorteilen bleibt erhalten und der vormals fehleranfällige manuelle Transfer in die Zielsprache entfällt.

2 Stand der Technik

Simulink ist eine graphische Erweiterung von Matlab und bietet eine umfangreiche Bibliothek aus Modulen an, welche von einfachen mathematischen Operationen, bis hin zu spezialisierten Funktionsmodulen, wie zum Beispiel Fuzzy-Reglern, reichen. Diese Bausteine können auf die Arbeitsfläche gezogen und im Sinne eines Signalflussplanes untereinander verbunden werden. Diese Art der Darstellung und die umfangreiche Auswahl an Funktionen, speziell für die Konzeption und Realisierung von Reglern, sind Gründe für die hohe Akzeptanz von Matlab/Simulink in der Regelungstechnik.

Für die Steuerung von Prozessen in der Automatisierungstechnik wird Simulink aufgrund der dort eingesetzten Steuerungshardware, wie Mikrocontroller und Speicherprogrammierbare Steuerungen (SPS) nicht verwendet. Stattdessen werden die in Simulink entwickelten Modelle vielfach noch manuell in die Zielsprache übersetzt. Simulink bietet mit dem RealTime-Workshop (RTW) [2] die Möglichkeit, die dort erstellten regelungstechnischen Blockschaltbilder automatisch in C zu transformieren und unterstützt somit eine Vielzahl potentieller Zielsysteme. Für den Steuerungscode von Mikrocontrollern im Bereich der Automatisierungstechnik gelten allerdings besondere Anforderungen, weshalb hier verschiedene Anbieter ([5,6]) spezialisierte Lösungen anbieten, welche C-Code auf Basis des RTW oder Target Link produzieren. Dieser ist auf den gängigen Mikrocontrollern oder einer angepassten SPS (Bachmann M1) [5] ablauffähig. Den Export von IEC 61131-3 konformen Code hingegen, wie er von Speicherprogrammierbaren Steuerungen verarbeitet wird, unterstützt bislang nur eine Realisierung für TwinCat von Beckhoff [7], welche für jedes Blockdiagramm einen Funktionsbaustein (FB) mit strukturiertem Text erzeugt. Durch diese Art der Umwandlung einer graphischen in eine textuelle Sprache, geht allerdings die Vergleichbarkeit der Modelle verloren, was die Überprüfbarkeit des generierten Codes erschwert und damit auch die Akzeptanz einer automatischen Lösung auf Seiten des Benutzers verringert.

Die IEC 61131-3 verfügt mit der Ablaufsprache (AS), Kontaktplan (KOP) und Funktionsplan (FUP) über drei graphische Programmiersprachen. Es ist allerdings mit keiner dieser Sprachen möglich, die Struktur eines Simulink-Modells genau abzubilden, zumal Rückkopplungen nicht realisierbar sind. Die Programmiersprache Continuous Function Chart (CFC), welche keine der IEC 61131-3 Programmiersprachen ist, aber von den meisten marktüblichen Herstellern, wie Siemens und CodeSys von 3S [8] unterstützt wird, ist ein freigraphischer Funktionsplaneditor und ermöglicht eine ähnliche Darstellung von Reglern wie in Simulink. Viele Hersteller von IEC 61131-3 Programmierumgebungen bieten sowohl entsprechende Standardbibliotheken, als auch spezialisierte Bausteine zur Realisierung von Reglern an. Diese können genauso wie in Simulink in den Funktionsplaneditor eingefügt und mit Linien miteinander verbunden werden. Rückkopplungen können problemlos realisiert und die Simulink-Struktur nachgebildet werden. Die Unterstützung durch Entwurfstools fehlt allerdings. Der vorgestellte Codegenerator ermöglicht es, den Entwurf und die Programmierung in Simulink vorzunehmen und das erstellte Modell automatisch in ablauffähigen IEC 61131-3 Code zu transformieren.

3 Prinzip der Codegenerierung

Die Aufgabe des Codegenerators ist es, eine strukturähnliche und funktional gleiche Abbildung des Simulink-Modells in der Zielsprache zu realisieren (siehe Abbildung 1). Bei einem Simulink-Modell handelt es sich um graphisch, auf einer Modellierungsfläche angeordnete Bausteine, welche durch Linien verbunden sind. Diese symbolisieren den kontinuierlichen Datenfluss. Genau das gleiche Prinzip liegt auch der SPS-Programmiersprache CFC zugrunde, welche der Codegenerator nutzt, um diese Darstellung nachzuempfinden und die einzelnen Blöcke entsprechend zu verbinden. Was bleibt, ist die funktional korrekte Transformation der einzelnen Blöcke der Simulink-Bibliothek in die IEC 61131-3. Die Basis dieser Transformation ist ein Metamodell, welches die Regeln für die Umwandlung beschreibt. Auf diese Weise erhält jedes Bibliotheksobjekt einen äquivalenten Baustein in der Zielumgebung. Je ähnlicher die bereits vom Hersteller einer SPS-Programmierumgebung bereitgestellten Objekte denen von Simulink sind, desto einfacher ist das entsprechende Metamodell. Prinzipiell ist dadurch eine Rücktransformation mit dem gleichem Modell möglich, bisher aber noch nicht implementiert.

Die Codegenerierung beginnt damit, dass für das gesamte Simulink-Modell ein Funktionsbaustein (FB) angelegt wird. Alle darin enthalten Blöcke werden graphisch korrekt positioniert und entsprechend der Vorgabe miteinander verbunden. Handelt es sich bei einem Block um ein Modul, welches weitere Module enthält, so ist auch dies durch den Einsatz sogenannter Makros in einem CFC möglich. Die Bausteine der Simulink-Bibliothek werden entsprechend den Transformationsregeln in der IEC 61131-3 angelegt. Blöcke aus der Simulink-Bibliothek, welche bereits eine Entsprechung in der Zielumgebung besitzen, wie zum Beispiel die Bausteine aus der Twin-CAT Controller Bibliothek, werden nicht neu übersetzt, sondern direkt eingebunden. Durch dieses Prinzip kann der Codegenerator sehr leicht durch das Hinzufügen neuer Blöcke erweitert werden.

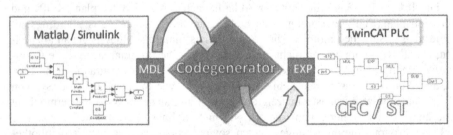

Abbildung 1. Prinzip der Codegenerierung

Sämtliche Modellinformationen werden direkt aus der Modelldatei von Simulink gewonnen. Der generierte Code wird in eine Textdatei geschrieben, welche dann in die Programmierumgebung des Steuerungsherstellers importiert wird. Diese muss den Import einer Textdatei oder XML-Datei gemäß der IEC 61131-3 und CFC erlauben.

Bisherige Untersuchungen haben ergeben, dass sowohl TwinCAT (Beckhoff) [9], als auch die XML-basierte Schnittstelle von PC WorX (Phoenix Contact) [10] uneingeschränkt für den Import geeignet sind.

4 Einbindung vorhandener SPS-Bibliotheken in Simulink

Alle Blöcke aus der Simulink-Bibliothek werden in der Zielumgebung ebenfalls durch eine TwinCAT PLC-Bibliothek abgebildet. Die Zuordnung der einzelnen Blöcke in die entsprechenden Bausteine ist im Codegenerator definiert. Falls die Definitionen zwischen den Bibliotheken unterschiedlich sind bzw. voneinander abweichen, findet im Codegenerator eine entsprechende Umformung statt, ansonsten werden die Parameter direkt ohne Umrechnung an den entsprechenden Funktionsbaustein übergeben.

Der PID-Controller in Simulink ist durch eine andere Übertragungsfunktion als in TwinCAT beschrieben und wird im Codegenerator in die andere Darstellung (siehe Abbildung 2) transformiert. Des Weiteren werden die restlichen Parameter des PID-Reglers in TwinCAT ebenfalls an die Simulink-Definition angepasst.

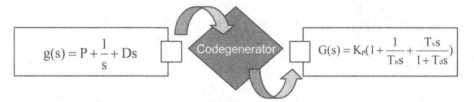

Abbildung 2. Transformation eines PID Blocks

Da die Simulink-Standardbibliothek nicht alle Funktionsbausteine aus der Controller-Bibliothek unterstützt, wurde in Simulink eine zusätzliche TwinCAT-Bibliothek angelegt. Diese Blöcke entsprechen genau der Definition in TwinCAT und können in Simulink benutzt und parametriert werden. Die Nullpunktdämpfung ist einer der erstellten Blöcke und ist wie folgt definiert:

$$f_{setpoint\_out} = (f_{setpoint\_in} - f_{actual\_in}) \cdot \tanh(\left|f_{setpoint\_in} - f_{actual\_in}\right|) \cdot k_{damping}) + f_{actual\_in}$$

Aus den Blöcken der Simulink-Standardbibliothek kann nun das Übertragungsverhalten der Nullpunktdämpfung realisiert werden. Auf diese Weise ist es möglich den Regler in TwinCAT CFC und in Simulink zu vergleichen und auf Zeitverhalten zu überprüfen.

5 Zeitverhalten

Simulink wird vielfach für den Entwurf komplexer Regelungssysteme genutzt. In diesem Zusammenhang ist eine exakte Nachbildung des Verhaltens in der IEC 61131-3 eine Voraussetzung für den Einsatz. Aufgrund der besonderen Arbeitsweise einer SPS und der damit verbundenen zyklischen Bearbeitung des Steuerungsprogramms, sind einige Arbeitsschritte notwendig, um ein exakt gleiches Verhalten wie in Matlab zu erreichen. Während Simulink-Modelle üblicherweise im Bildbereich beschrieben werden und zudem eine kontinuierliche Form der Darstellung für den Reglerentwurf genutzt wird, benötigt eine SPS eine ablauffähige Darstellung im Zeitbereich, welche zudem in einer zeitdiskreten Form vorliegt. Aufgrund dieser Umwandlung und der sequentiellen Bearbeitung durch die SPS, ist auch die Abarbeitungsreihenfolge, in welcher die einzelnen Bausteine berechnet werden, von entscheidender Bedeutung. Eine automatische Festlegung der Reihenfolge, wie sie zum Beispiel TwinCat anbietet, ist in komplexeren Systemen mit Signalrückkopplungen nicht ausreichend (siehe Abbildung 3). Der Verlauf des TwinCAT-Graphen weicht deutlich vom eigentlichen Zeitverhalten ab. Ein weiterer Aspekt, welcher sich in beiden Umgebungen unterscheidet, allerdings nur marginalen Einfluss hat, sind die unterschiedlichen verwendeten Integrationsverfahren.

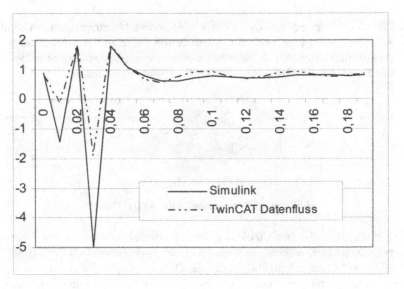

Abbildung 3. Zeitverlauf eines Reglers mit Signalrückkopplung in TwinCAT PLC

6 Evaluation

Für die Evaluation des Codegenerators wurde ein reales Reglerprogramm aus einer Windenergieanlage ausgewählt. Der Regler versucht durch Verstellung der Blattwinkel den optimalen Wirkungsgrad auch bei kleineren Windgeschwindigkeiten zu erreichen. Dabei ist es wichtig, in Millisekunden auf Änderungen der Eingangssignale wie zum Beispiel der Windgeschwindigkeit zu reagieren, um die Blattwinkel entsprechend schnell umstellen zu können. Die Schwingungen, die mittels Eingangssignale entstehen, werden durch Dämpfungsbausteine verhindert. Das regelungstechnische Modell enthält außerdem diskontinuierliche, diskrete, Lookup-Table, Subsystem und lineare (PID) Blöcke und deckt dadurch fast alle Kategorien der Simulink-Standardbibliothek ab.

Die korrekte Funktionsweise des Codegenerators wurde anhand dieser Pitchregelung nachgewiesen. Zunächst wurden die einzelnen Controller-Funktionsbausteine aus der Controller-Bibliothek auf ihr korrektes Zeitverhalten hin überprüft. Simulink und TwinCAT Scope-Aufzeichnungen haben gezeigt, dass die einzelnen Bausteine gleiches Zeitverhalten wie in Simulink aufweisen. Nach Abschluss dieser Prüfung wurde das Gesamtmodell einigen Tests unterzogen. Dabei wurden Blöcke gelöscht oder durch andere ersetzt, Verbindungen ausgetauscht und Parameterwerte verändert. Das Gesamtmodell wurde nach Codegenerierung wieder auf Zeitverhalten überprüft. Es wurde bewiesen, dass sowohl die graphische Transformation, als auch das Zeitverhalten vom Codegenerator richtig übersetzt wurden. In Abbildung 4 ist exemplarisch eine besonders heftige Reglerreaktion provoziert und sowohl das Zeitverhalten des Simulink-Modells, als auch das Zeitverhalten der SPS aufgetragen worden. Es ist deutlich zu erkennen, dass das Zeitverhalten in Simulink nahezu mit dem des generierten Codes übereinstimmt.

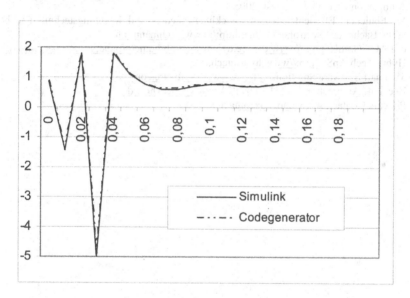

Abbildung 4. Zeitvergleich zwischen dem generierten Code und Simulink

7 Zusammenfassung und Ausblick

Die erste Version des Codegenerators hat gezeigt, dass es grundsätzlich möglich ist, sämtliche Informationen für die Transformation auf der Grundlage der Modelldatei von Simulink zu nutzen. Dies spart zum einen Kosten, durch den Verzicht auf den Einsatz der Toolbox Real Time Workshop, zum anderen ist die Übersetzung in die graphische Programmiersprache CFC in wenigen Sekunden möglich bei nahezu unverändertem Zeitverhalten verglichen mit dem Simulink-Modell.

Es ist geplant den Codegenerator um weitere Transformationsregeln zu erweitern, um auch die Zustandsdiagramme (State Charts) von Simulink in die Ablaufsprache der

IEC 61131-3 übersetzen zu können. Des Weiteren ist die Rücktransformation des CFC-Codes nach Simulink geplant, um die verschiedenen Modelle auch nach Änderungen synchronisieren zu können. Eine Online-Verbindung zwischen beiden Modellen soll die Fehlersuche im Sinne eines „Debuggings" ermöglichen.

8 Literatur

1. D. Witsch, B. Vogel-Heuser: Automatische Codegenerierung aus der UML für die IEC 61131-3, Informatik aktuell: Eingebettete Systeme. PEARL 2004, Springer, Berlin, Heidelberg, New York, 2004.
2. MathWorks: http://www.mathworks.com
3. International Electrotechnical Commision: www.iec.ch
4. B. Vogel-Heuser; U. Katzke, D. Witsch: Automatic Code Generation from a UML model to IEC 61131-3 and system configuration tools, 5th International Conference on Control & Automation (ICCA), Budapest, 2005
5. M. Ebnicher: Effiziente Reglerentwicklung. Steuer- und Regelungstechnik Fachbeitrag 2006. Bachmann electronic GmbH: http://www.bachmann.info
6. dSPACE GmbH: http://www.dspace.de/ww/de/gmb/home/products/systems/controld.cfm
7. HybridTech ApS: http://www.hybridtech.dk
8. 3S Smart Software Solutions: http://www.3s-software.com
9. Beckhoff Automation GmbH - TwinCAT: www.beckhoff.de
10. Phoenix Contact: www.phoenoxcontact.de

Konsistente Verknüpfung von Aktivitäts-, Sequenz- und Zustandsdiagrammen

Darstellungsunabhängige und formale Semantik zur Verhaltensbeschreibung von Echtzeit-Systemen

Lars Ebrecht und Karsten Lemmer

Inst. f. Verkehrsführung und Fahrzeugsteuerung, Deutsches Zentrum für Luft- und Raumfahrt e.V. (DLR), Lilienthalplatz 7, 38108 Braunschweig.
Lars.Ebrecht@dlr.de, Karsten.Lemmer@dlr.de

Zusammenfassung. Der folgende Beitrag stellt eine formale, generische Verhaltensstruktur und Semantik vor, die die Basis für die konsistente Verknüpfung der drei wichtigsten *UML* Verhaltensdiagramme bildet. Es wird gezeigt, wie sich das grobe und übersichtliche Verhalten in Aktivitätsdiagrammen, das detaillierte Schnittstellenverhalten in Sequenzdiagrammen und detaillierte Verhaltensmodelle in Zustandsdiagrammen mit Hilfe der Semantik konsistent miteinander verknüpfen lassen und die Inhalte der drei genannten Verhaltensdiagramme eindeutig miteinander in Beziehung gebracht werden können. Als Anwendungsbeispiel wird die komplexe, sicherheits- und echtzeitkritische zugseitige Komponente des Europäischen Leit- und Sicherungstechnik Systems (*ETCS*) verwendet.

1 Einleitung

Die Unified Modeling Language (*UML*) der Object Management Group (*OMG*) [1] sowie ihre verschiedenen Profile entwickeln sich mehr und mehr als Standard bei der Software- und Systementwicklung. Die *OMG* Systems Modeling Language (*OMG SysML*), das *UML* Profile for Schedulability, Performance and Time (*SPT*) und das *UML* Testing Profile (*UTP*) decken nahezu den kompletten Entwicklungsprozess (von der Anforderungsanalyse bis hin zur Systemvalidierung) für unterschiedlichste Anwendungsbereiche ab. Der Vorteil der *UML* liegt in ihrer Universalität und Anwendungsunabhängigkeit. Die Universalität und Anwendungsunabhängigkeit ist jedoch derzeitig noch ein Problem, da zum Teil äußerst relevante Aspekte noch nicht genau genug spezifiziert sind [2]. Die Verhaltenssemantik von Aktionen sowie die Verknüpfung der drei wichtigsten *UML* Verhaltensdiagramme – dem Aktivitäts-, dem Sequenz- und Zustandsdiagramm – sind nicht ausreichend definiert [1]. Die drei Diagramme sind aber beim Entwurf und der Beschreibung von komplexen Systemen für sich alleinstehend nicht vollständig, da sie das Systemverhalten jeweils aus einer anderen Perspektive darstellen. Aktivitätsdiagramme heben bei der Darstellung die Aktivitäten, d.h. Prozesse und Funktionen, und den Kontrollfluss hervor, weniger die Zustände und Zustandsübergänge. Die Zustandsdiagramme stellen demgegenüber die Zustände und Zustandsübergänge in den Vordergrund und die Aktionen sowie Ereignisse grafisch gesehen in den Hintergrund. Bei den Sequenzdiagrammen sind die Ereignisse und Nachrichtenreihenfolge sowie die beteiligten Objekte im Mittelpunkt. Aktionen und Zustände werden selten in Sequenzdiagrammen verwendet. Da aber derzeit keine genaue Semantik für die Verhaltensbeschreibung von Echtzeitsystemen definiert ist, stehen die drei Diagramme jeweils allein für sich da. Die Verhaltensbeschreibung von verteilten, interoperablen Echtzeitsystemen ist damit nicht ausreichend formal und konsistent möglich. Es besteht die Gefahr in den zuvor genannten Verhaltensdiagrammen divergierendes Systemverhalten zu beschreiben, da die Identifikation von Inkonsistenzen durch die fehlende Semantik unmöglich ist.

Im Folgenden wird daher eine generische Semantik für das Verhalten von Echtzeit-Systemfunktionen vorgestellt, mit der die drei genannten Diagramme miteinander verbunden und in Beziehung gebracht werden können. Am Beispiel der zugseitigen Komponente des Europäischen Leit- und Sicherungstechniksystems (ETCS) wird gezeigt, wie die atomare Verhaltensstruktur eine einheitliche, formale, semantische, darstellungsunabhängige Basis bildet und eine diagrammübergreifende und konsistente Verhaltensbeschreibung von Echtzeitsystemen mit UML Aktivitäts-, Sequenz- und Zustandsdiagrammen ermöglicht.

2   Darstellungsunabhängige und formale Semantik zur Verhaltensbeschreibung von Echtzeit-Systemen

Die konsistente Verhaltensbeschreibung von Echtzeitsystemen mit Aktivitäts-, Sequenz- und Zustandsdiagrammen basiert auf einer atomaren Verhaltensstruktur und Semantik. Grundlegend für die folgenden Betrachtungen und Beschreibung des Systemverhaltens ist das Systemverständnis, d.h. wie ein Echtzeit-System aufgefasst wird bzw. was das Verhalten von Echtzeit-Systemen im Wesentlichen ausmacht. Der Kerngedanke für die prinzipielle Auffassung sowie Beschreibung des Systemverhaltens ist dabei, dass ein System ein oder mehrere Systemfunktionen seiner Umwelt zur Verfügung stellt. Jede Funktion (Aktion, Aktivität oder Prozess) wird durch mindestens ein oder mehrere Triggerereignisse über eine bestimmte Systemschnittstelle ausgelöst. Zusätzlich können die Systemfunktionen ein oder mehreren Antwortereignisse über bestimmte Schnittstellen verursachen. Da es sich bei Echtzeit-Systemen um Transitionssysteme handelt, spielen die Systemzustände in Bezug auf das Systemverhalten in Form von Start- und Endzustand für jede Systemfunktion eine entscheidende Rolle.

Abb. 1 stellt diesen Kerngedanken in Form eines Petri Netzes dar. Die dort abgebildete generische, formale, darstellungsunabhängige und atomare Struktur für Echtzeitfunktionen basiert auf dem in [3] vorgestellten „atomaren Element". Das Petri Netz zeigt den Anfangs- und Endzustand am Anfang und am Ende der Echtzeitfunktion durch die Stellen S_s und S_e. Diese Zustände repräsentieren Vor- und Nachbedingungen (*Pre-condition* und *Post-condition*) einer Funktion gemäß Design by Contract [4]. Anfangs- und Endzustand entsprechen gleichen oder unterschiedlichen Systemkonfigurationen. Eine Systemkonfiguration wird durch die Werte bzw. Belegung der lokalen und globalen Variablen beschrieben, die im Kontext der Systemfunktion stehen.

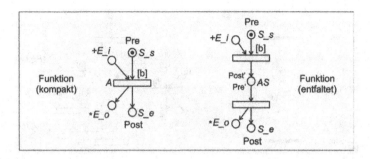

Abb. 1. Formale, generische, darstellungsunabhängige und atomare Verhaltensstruktur für Echtzeitfunktionen

Des Weiteren zeigt Abb. 1, wie die Aktion (A) einer Systemfunktion durch ein oder mehrere Triggerereignisse (E_i) und Reaktionen (E_o) eingeschlossen wird. Die Bedingung (b) ermöglicht die Beschreibung zusätzlicher Bedingungen von denen die Aktivierung der Aktion abhängt. Über diese Bedingung können beispielsweise Fallentscheidungen (D_i) (vgl. Abb. 5) beschrieben. Darüber hinaus zeigt Abb. 1 eine kompakte und eine entfaltete Darstellung der atomaren Verhaltensstruktur. Je nach dem, ob der Meta-Zustand (AS) „*Aktion A wird ausgeführt*" explizit dargestellt werden soll oder nicht, kann die rechte (entfaltete) oder die linke (kompakte) Petri Netz Darstellung verwendet werden. Meta-Zustände sind imaginäre Zustände, da sie keiner Systemkonfiguration, wie zuvor beschrieben, entsprechen. Sie verdeutlichen vielmehr, dass ein Prozess gerade aktiv ist und sich das System in einem Zwischenzustand, d.h. zwischen Start- und Endzustand der aktiven Systemfunktion, befindet.

Entsprechend der Petri Netz Semantik wird die Aktion A ausgeführt (die Transition A geschaltet), wenn alle Eingangsplätze (hier: S_s und E_i) mit Marken belegt sind und die Bedingung b erfüllt ist. Transitionen werden dabei durch Rechtecke, Plätze durch Kreise und belegte, markierte Plätze durch Kreise mit einem Punkt im Inneren gekennzeichnet. Nach dem Schalten einer Transition werden in allen Ausgangsplätzen (E_o und S_e) Marken erzeugt, wobei die Ausgangsplätze auch frei bzw. aufnahmefähig (nicht durch andere Marken belegt) sein müssen.

2.1 Parallelität und Zeit

Petri Netze eignen sich besonders für die formale und mathematische Verhaltensbeschreibung von verteilten Echtzeitsystemen mit nebenläufigen, parallelen Prozessen. Für die Beschreibung von parallelen, nebenläufigen Funktionen und

Prozessen sind drei Aspekte voneinander zu unterscheiden: Das Aufteilen des Kontrollflusses (*fork*) sowie das Zusammenführen (*join*) und die Sequentialisierung von nebenläufigen Aktionen.

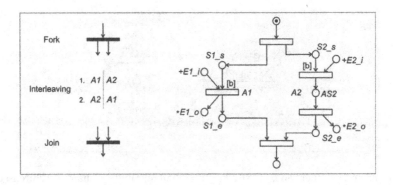

Abb. 2. Nebenläufigkeit bzw. Parallelität

Bei den Petri Netzen erfolgt das Aufteilen des Kontrollflusses durch zwei oder mehrere Plätze hinter einer Transition. Nach dem Schalten einer solchen Transition werden in jedem nachgelagerten Platz Marken erzeugt, die dann mehrere Transitionen hinter den belegten Plätzen aktivieren können. Abb. 2 zeigt, wie die erste Transition (*fork*-Transition) den Kontrollfluss aufteilt. Das Schalten der folgenden beiden Transitionen hängt dann von dem Auftreten der Ereignisse $E1\_i$ und $E2\_i$ ab, d.h. wenn eine Marke in den Plätzen $E1\_i$ und, oder $E2\_i$ erzeugt wird. Würde man die Ereignisse $E1\_i$ und $E2\_i$ weglassen oder mit den Zuständen $S1\_s$ und $S2\_s$ in einer Stelle zusammenfassen, so wären beide Folgetransitionen von $A1$ und $A2$ gleichzeitig aktiviert und würden gleichzeitig schalten. Gleichzeitig Schalten würde bedeuten, dass die Transitionen zufällig in einer willkürlichen Reihenfolge sequentialisiert, innerhalb eines Zeitpunktes abgearbeitet werden würden (Interleaving). Triggerereignisse sind aber unabhängig und nebenläufig zum Systemzustand, wie die spezielle, in zwei Plätze getrennte Anordnung von $E1\_i$ und $S1\_s$ sowie von $E2\_i$ und $S2\_s$ zeigt. Hierdurch wird der Kontrollflusses vor jeder Aktivierung einer Systemfunktion synchronisiert und zusammengeführt (*join*). In gleicher Weise wird der Kontrollfluss hinter den beiden nebenläufigen Funktionen bzw. Aktionen ($A1$ und $A2$ über die letzte, untere *join*-Transition zusammengeführt.

Die Zeit kann auf unterschiedliche Weise mit speziellen Petri Netzen beschrieben werden. Hier in diesem Beitrag werden aber nur farbige Petri Netze zugrundegelegt. Somit wird die Zeit als globale oder lokale Zustandsvariable, d.h. in Form einer absoluten Zeit, oder mit Timern als relative Zeit (Aktivität) beschrieben. Des Weiteren sei abschließend an dieser Stelle noch darauf hingewiesen, dass farbige Petri Netze, durch die Färbung von Plätzen und Marken, auch eine Beschreibung und Unterscheidung von einfachen und zusammengesetzten Datentypen und Objekten ermöglichen.

3 Konsistente Verhaltensbeschreibung von Echtzeit-Systemen mit Aktivitäts-, Sequenz- und Zustandsdiagrammen

Auch wenn sich Petri Netze sehr gut für eine genaue und formale Verhaltensbe-schreibung von verteilten Echtzeitsystemen eignen, so bietet die UML mit ihren speziellen grafischen Verhaltensdiagrammen und -elementen Vorteile, insbesondere beim objekt-orientierten Entwurf von Echtzeit-Systemen. Die Basis für die konsistente Verknüpfung der UML Verhaltensdiagramme beim Entwurf sowie der Beschreibung von Echtzeitsystemen wurde mit der Hervorhebung von Aktio-nen in der UML2 geschaffen. *Actions* sind die Grundlage für das Systemverhalten in der UML und der Aktivitäts-, Zustands- und Interaktionsdiagramme (u.a. das Sequenzdiagramm) [1]. *Actions* ermöglichen die Beschreibung von groben und detaillierten sowie einfachen und komplexeren Funktionen eines Systems.

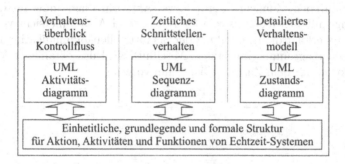

Abb. 3. Darstellungsunabhängige, generische, formale Semantik für einfache und kom-plexe Funktionen zur konsistenten Verhaltensbeschreibung von Echtzeitsystemen

Die in Kapitel 2 beschriebene atomare Verhaltensstruktur von Echtzeitfunk-tionen wird im Folgenden als grundlegende Struktur und Semantik für *Acti-ons* verwendet. In diesem Kapitel wird gezeigt, wie durch Referenzierung von Aktionen, Ereignissen und Zuständen in Verbindung mit der atomaren Ver-haltensstruktur eine konsistente Verhaltensbeschreibung von Echtzeit-Systemen über die Diagrammgrenzen hinweg erzielt werden kann. Die Konsistenz wird mit Hilfe der atomaren Verhaltensstruktur sowohl innerhalb eines Diagrammes als auch zwischen den drei Diagrammen durch die Vor- und Nachbedingung in Form von Ausgangs- und Folgezustand sowie die Triggerereignisse für jeweili-gen Aktionen und Funktionen gewährleistet. Somit können Aktivitäts-, Sequenz-und Zustandsdiagramme im Hinblick auf den Kontrollfluss, den Datenfluss und das Verhaltensmodell von Echtzeitsystemen optimal für die Systembeschreibung eingesetzt werden. Maßgebliche Vorteile sind die Nutzung der unterschiedlichen Perspektiven sowie verschiedene Detaillierungsstufen für die Dekomposition und Detaillierung von Funktionen im Grob- und Feinentwurf (siehe Abb. 3). Die fol-genden Abschnitte werden die konsistente Verwendung von Aktivitäts-, Sequenz-

und Zustandsdiagrammen anhand der zugseitigen Leit- und Sicherungstechnikeinheit des European Train Control System (*ETCS*) im Deatail vorstellen.

3.1 Anwendungsbeispiel: Zugseitige Leit- und Sicherungstechnikeinheit

Bei der zugseitigen Leit- und Sicherungstechnikkomponente, auch European Vital Computer (*EVC*) genannt, handelt es sich um ein Echtzeitsystem mit verschiedenen parallel agierenden Schnittstellen (wie z.B. dem Driver Machine Interface (*DMI*), GSM-R Einheit (*RTM*), Balisenleser (*BTM*), Odometer, Train Interface Unit (*TIU*) sowie der Juridical Recording Unit (*JRU*)). Das *EVC* überwacht hauptsächlich mit Hilfe der zugseitigen und streckenseitigen Informationen (vornehmlich Fahrwegsinformationen) die maximal erlaubte Geschwindigkeit, damit der Zug zu jeder Zeit in dem für ihn reservierten Bereich zum Stehen kommt. Im Folgenden wird das Einschalten und Inbetriebnehmen eines *EVC* durch den Triebfahrzeugführer, der sogenannten *start of mission procedure* beschrieben. Zunächst werden zwei Aktivitätsdiagramme für die grobe Anwendungsfallbeschreibung sowie Funktions- und Ablaufübersicht verwendet. Anschließend erfolgt die Darstellung der Schnittstellenkommunikation mit Hilfe eines Sequenzdiagramms. Im letzten Abschnitt wird das detaillierte Verhalten einer Funktion mit dem Zustandsdiagramm vorgestellt.

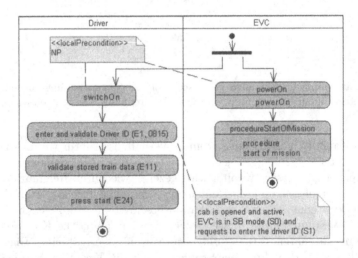

Abb. 4. Grobe, übersichtliche Verhaltensbeschreibung eines Anwendungsfalls

3.2 Beschreibung des groben Funktionsablaufs und Verhaltens mit Aktivitätsdiagrammen

Aktivitätsdiagramme stellen hauptsächlich den Kontrollfluss und die damit verbundenen Aktivitäten und Funktionen dar. Sie sind gut geeignet, um einen groben Verhaltensüberblick zu geben, zum Beispiel beim Grobentwurf und der Beschreibung von Anwendungsfällen. Abb. 4 stellt den groben Ablauf für die *start of mission procedure* dar. In der linken Hälfte sind die Aktivitäten eines Triebfahrzeugführers und in der rechten die des *EVC* untereinander aufgereiht. Der *fork*-Operator verdeutlicht, dass die Aktivitäten der beiden Akteure nebenläufig sind. Im Vergleich mit Abb. 2 sind hier in diesem Aktivitätsdiagramm die Ausgangs- und Folgezustände sowie die Ereignisse nicht beschrieben. Diese sind hier implizit im Hintergrund vorhanden oder können im nächsten Schritt spezifiziert werden. In frühen Entwurfsphasen, macht dies durchaus Sinn. Andernfalls können wichtige Vor- und Nachbedingungen aber auch über Anotationen mit den Stereotypen ≪*localPrecondition*≫ bzw. ≪*localPostcondition*≫ einer Aktivität zugeordnet werden, wie in Abb. 4 zu sehen.

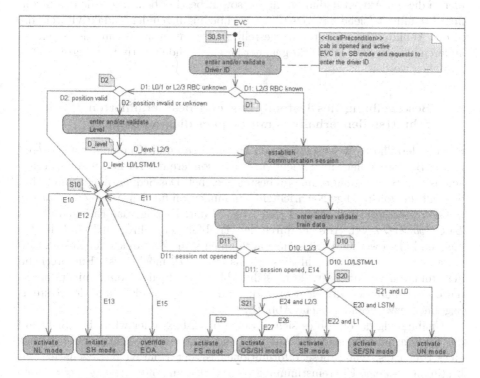

Abb. 5. Detaillierung der Funktion *procedure start of mission*

Im nächsten Entwurfsschritt kann die *start of mission procedure* dann weiter verfeinert und genauer beschrieben werden. Das Aktivitätsdiagramm in Abb. 5 zeigt deutlich die Berücksichtigung der atomaren Verhaltensstruktur bei der Funktion insgesamt und den einzelnen aufgeführten Aktivitäten (vgl. Abb. 1). Dem Startzustand des Diagramms wurden als Vorbedingung die Zustände *S0, S1* zugewiesen. Diese Vorbedingung entspricht dem Ausgangszustand des Systems für die *start of mission procedure* (siehe Abb. 7). Im Vergleich zum vorherigen Aktivitätsdiagramm sind in diesem Aktivitätsdiagramm Fallunterscheidungen (Di) zu sehen. Je nach Systemzustand und Triggerereignis verzweigt sich der Kontrollfluss mit den jeweiligen Aktivitäten. Des Weiteren sind in dieser Darstellung signifikante Systemzustände (*Sj*) sowie die Triggerereignisse (*Ek*), die die jeweiligen Unteraktivitäten auslösen, aufgeführt. Da es in den Aktivitätsdiagrammen gemäß [1] keine Zustände gibt, wurden den entsprechenden Fallentscheidungen (wie z.B. *S10*) Zustände durch Anmerkungen zugeordnet. Damit ist sichergestellt, dass entsprechend der atomaren Verhaltensstruktur für jede Aktivität die Annordnung Startzustand, Triggerereignis, Aktion, evtl. Antwortereignis und Folgezustand eingehalten wird.

Der Datenfluss, d.h. welche Ereignisse zwischen welchen Aktivitäten über welche Schnittstellen ausgetauscht werden (Schnittstellenkommunikation), wird hier in diesem Aktivitätsdiagramm nur soweit beschrieben, wie es den Kontrollfluss beeinflusst (siehe z.B. *S10*). Die Nachbedingungen der Endaktivitäten, die in der Abbildung ganz unten dargestellt sind, können in diesem oder in einem anderen, die jeweilige Aktivität genauer beschreibenden Aktivitätsdiagramm beschrieben werden.

3.3   Beschreibung des Datenflusses und des detaillierten Schnittstellenverhaltens mit Sequenzdiagrammen

Für die detaillierte Beschreibung von Datenflüssen und Kommunikationsszenarien (z.B. Protokollen) im Feinentwurf, insbesondere mit zeitlichen Anforderungen, ist das Sequenzdiagramm am besten geeignet. Das Sequenzdiagramm (Abb. 6) stellt die vollständige Nachrichtenkommunikation für den Anfang der *start of mission procedure* (vgl. Abb. 4 und Abb. 5) dar. Es zeigt das Einschalten des *EVC* (*powerOn*, vgl. Abb. 7) durch den Triebfahrzeugführer im Detail. In den meisten Fällen werden in Sequenzdiagrammen keine Zustände oder Zustandsinvarianten verwendet, obwohl dies seitens der *UML* möglich ist. Entsprechend der atomaren Verhaltensstruktur (siehe Abb. 1) wird jedes Kommunikationsszenario einer Funktion mit dem Startzustand und dem Endzustand des Systems begonnen bzw. beendet (siehe Abb. 6).

Unabhängig davon, ob es sich um eine black-box- oder white-box-Sicht auf das System handelt, sind der Anfangs- und Endzustand wichtige Bestandteile eines Szenarios. Ohne diese Informationen ist der Kontext des Szenarios unbestimmt und eine Übereinstimmung oder Verletzung ohne Aussagekraft. Ohne Zustände, insbesondere Ausgangszustände, kann nicht sichergestellt werden, dass das Sequenzdiagramm und ein Zustandsautomat oder eine reale Komponente von ein und demselben Systemzustand ausgehen, um eine Funktion aufzurufen. Darüber hinaus können auch wichtige Zwischenzustände in Form von lokalen Nachbedingungen (≪*localPostcondition*≫) beschrieben werden, um Sequenzdiagramme und Zustandsautomaten direkt miteinander vergleichen zu können.

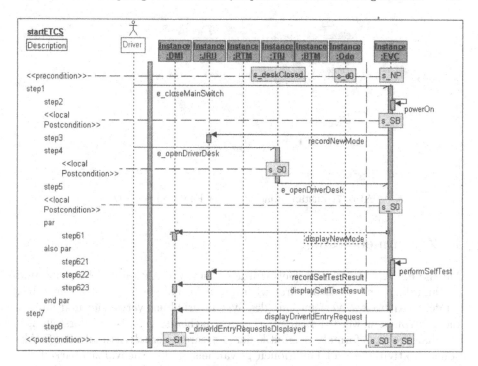

Abb. 6. Kommunikationsszenario der Funktion *powerOn*

3.4 Beschreibung von detaillierten Verhaltensmodellen mit Zustandsdiagrammen

Zustandsdiagramme stellen ein sehr detailliertes Verhaltensmodell eines Systems oder einer Funktion dar. Für die Berücksichtigung der atomaren Verhaltensstruktur werden zwei Arten von Zuständen unterschieden: Systemzustände und Aktionszustände (Aktivitäts-, Prozess-, Funktionszustände). Die erstgenannten repräsentieren eine Systemkonfiguration, das heißt die Werte der von dem Zustandsautomaten aus sichtbaren Variablen (s_X). Die Aktivitätszustände (a_Y) stellen Meta-Zustände dar, entsprechend der entfalteten Variante der atomaren Verhaltensstruktur (siehe Abb. 1). Das Zustandsdiagramm in Abb. 7 zeigt, wie jede Aktivität bzw. Aktion von zwei Systemzuständen eingeschlossen wird. Diese Zustände wurden als Vor- und Nachbedingungen bzw. lokale Zwischenzustände in den vorherigen Aktivitäts- und Sequenzdiagrammen verwendet. Triggerereignisse befinden sich entsprechend der atomaren Verhaltensstruktur nur vor und Antwortereignisse nur hinter einer Aktivität. Die Funktion *dmi.displayDriverId-EntryRequest()* gleicht der kompakten Variante der atomaren Verhaltensstruktur. Abb. 7 zeigt darüber hinaus zwei nebenläufige Aktivitäten (*a_displayNew-Mode* und *a_performSelfTest*). Diese Anordnung entspricht der Anordnung in Abb. 2, hier jedoch mit zwei entfalteten atomaren Verhaltensstrukturen.

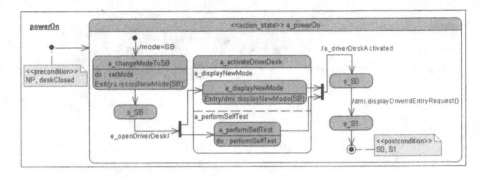

Abb. 7. Zustandsdiagramm der Funktion *powerOn*

4 Zusammenfassung

Anhand des Anwendungsbeispiels wurde gezeigt, wie Aktivitäts-, Sequenz- und Zustandsdiagramme, als die drei wichtigsten Verhaltensdiagramme der *UML*, bei der schrittweisen Verfeinerung des Systemverhaltens verwendet und miteinander verbunden werden können. Die durchgehende generische, darstellungsunabhängige und formale Semantik der atomaren Verhaltensstruktur für Aktionen, Aktivitäten und Funktionen gewährleistet die Nachvollziehbarkeit der diagrammübergreifenden Beziehungen und Synchronität. Die atomare Verhaltensstruktur sichert die Konsistenz innerhalb sowie diagrammübergreifend der drei Diagramme. Somit wird eine konsistente Systemverhaltensbeschreibung ermöglicht. Des Weiteren stellt die atomare Verhaltensstruktur und Semantik eine modulare, wiederverwendbare Beschreibung von Aktivitäten und Funktionen dar, die das Design by Contract [4] berücksichtigt und damit die Zuverlässigkeit eines Systems erhöht [3].

5 Literatur

1. *OMG*: *UML*, Superstructure Specification, Ver. 2.1.1-05-02-07, 2007, www.o-mg.org/technology/documents/formal/uml.htm
2. Beneken, G. et. al: Componentware - State of the Art 2003. Background Paper for Understanding Components Workshop of the CUE Initiative, Venice, 2003.
3. Ebrecht, L.; Meyer zu Hoerste, M.; Lemmer, K.: The Basic Concept for the Formal Test Description - Horizontal Composition and Vertical Differentiation of the Atomic Element. In: [5] P. 447-457.
4. Meyer, B. (1992). Applying „Design by Contract". In: IEEE Computer, Vol. 25, No. 10, Page 40-51
5. Schnieder, E.; Tarnai, G.: Forms/Formats 2007, 6th Symposium. Formal Methods for Automation and Safety in Railway and Automotive Systems. GZVB, Braunschweig, 2007, ISBN 13: 978-3-937655-09-3.

Atomic Basic Blocks
Eine kontrollflussunabhängige Zwischendarstellung für Echtzeitsysteme

Fabian Scheler, Martin Mitzlaff und Wolfgang Schröder-Preikschat

Lehrstuhl für Informatik 4
Friedrich-Alexander-Universität Erlangen-Nürnberg
{scheler,mitzlaff,wosch}@informatik.uni-erlangen.de

Zusammenfassung. Die Entscheidung, einen zeit- bzw. ereignisgesteuerten Ansatz für ein Echtzeitsystem zu verwenden, ist schwierig und sehr weitreichend. Weitreichend vor allem deshalb, weil diese beiden Ansätze mit äußerst unterschiedlichen Kontrollflussabstraktionen verknüpft sind, die eine spätere Migration zum anderen Paradigma sehr schwer oder gar unmöglich machen. Wir schlagen daher die Verwendung einer Zwischendarstellung vor, die unabhängig von der jeweils verwendeten Kontrollflussabstraktion ist. Für diesen Zweck verwenden wir auf Basisblöcken basierende *Atomic Basic Blocks* (ABB) und bauen darauf ein Werkzeug, den *Real-Time Systems Compiler* (RTSC) auf, der die Migration zwischen zeit- und ereignisgesteuerten Systemen unterstützt.

1 Einleitung

Eine der schwierigsten und auch wichtigsten Entscheidungen bei der Realisierung von Echtzeitsystemen ist die Entscheidung zwischen zeit- und ereignisgesteuertem Ausführungsparadigma. Während beide Ausführungsparadigmen prinzipiell geeignet sind, (auch harte) Echtzeitsysteme zu realisieren, sollte diese Entscheidung trotzdem nicht übereilt getroffen werden. Mit den heutigen Mitteln ist es sehr schwer bis unmöglich, diese Entscheidung zu revidieren und das Ausführungsparadigma zu ändern. Zeit- und ereignisgesteuerte Systeme unterscheiden sich nämlich in einer entscheidenden, funktionalen Eigenschaft: der jeweils verwendeten Kontrollflussabstraktion. In zeitgesteuerten Systemen sind dies in der Regel einfache Ereignisbehandlungen ohne Synchronisationspunkte, wogegen in ereignisgesteuerten System vermehrt komplexe Ereignisbehandlungen mit expliziter Synchronisation zum Einsatz kommen. Für ein bestimmtes Ausführungsparadigma entwickelte Anwendungen, sind in der Regel mit den Abstraktionsmechanismen verzahnt, die ihnen von den jeweiligen Ausführungsumgebungen zur Verfügung gestellt werden, um Abhängigkeiten zwischen verschiedenen Aktivitätsträgern explizit oder implizit zu modellieren. Somit sind sie auch von der verwendeten Kontrollflussabstraktion abhängig. Mit Hilfe von auf Basisblöcken basierenden ABBs wird von der verwendeten Kontrollflussabstraktion abstrahiert und eine Modellierung impliziter und expliziter Abhängigkeiten unabhängig vom Betriebssystem ermöglicht. Auf diese Weise kann das zugrunde liegende Betriebssystem und damit auch das zugrunde liegende Ausführungsparadigma noch zu einem späteren Zeitpunkt gewechselt werden.

Der Rest dieses Artikels ist wie folgt aufgebaut: In Kapitel 2 vergleichen wir zeit- und ereignisgesteuerte Ausführungsumgebungen hinsichtlich ihrer nichtfunktionalen und funktionalen Eigenschaften. In Kapitel 3 erläutern wir eine Zwischendarstellung für Echtzeitsysteme, sog. *Atomic Basic Blocks* (ABBs), die unabhängig vom jeweiligen Ausführungsparadigma dazu geeignet ist, sowohl zeit- als auch ereignisgesteuerte Echtzeitsysteme zu beschreiben. Das folgende Kapitel 4 stellt einen frühen Entwurf des auf ABBs aufbauenden *Real-Time Systems Compiler* vor, Kapitel 5 fasst den Artikel zusammen und gibt einen kurzen Ausblick auf die weitere Entwicklung des RTSC.

2   Zeit- und Ereignisgesteuerte Echtzeitsysteme

Dieses Kapitel vergleicht die wesentlichen Eigenschaften von zeit- und ereignisgesteuerten Echtzeitsystemen. Nichtfunktionale Eigenschaften sind hier deshalb interessant, weil sie eine Entscheidungsgrundlage entweder für ein zeit- oder ereignisgesteuertes System liefern könnten. Funktionale Eigenschaften dieser beiden Ausführungsparadigmen bzw. die mit ihnen verknüpften Kontrollflussabstraktionen auf der anderen Seite verhindern eine einfache Migration zwischen zeit- und ereignisgesteuerten Systemen. Hierzu wird die Diskussion aus [6] aufgegriffen und vor allem im Hinblick auf funktionale Eigenschaften erweitert.

2.1   Nichtfunktionale Eigenschaften

Zunächst werden die nicht nichtfunktionalen Eigenschafte von zeit- und ereignisgesteuerten System kurz gegenüber gestellt. Ein früherer Vergleich [3] stellte hier klare Vorteile für das zeitgesteuerte Ausführungsparadigma fest. In der Vergangenheit hat sich jedoch gezeigt, dass auch ereignisgesteuerte Systeme ihre Berechtigung haben. Daher werden diese Aspekte erneut betrachtet.

Analysierbarkeit Unter Analysierbarkeit versteht man bei Echtzeitsystemen, entscheiden zu können, ob eine Menge von Ereignisbehandlungen rechtzeitig, also vor den jeweiligen Fristen, abgearbeitet werden kann. Diese Eigenschaft ist für harte Echtzeitsysteme unabdingbar. Statische Ablaufpläne in zeitgesteuerten Echtzeitsystemen erfüllen diese Eigenschaft konstruktiv, in ereignisgesteuerten Echtzeitsystemen ist dagegen eine Antwortzeitanalyse notwendig.

Vorhersagbarkeit Ein Echtzeitsystem ist vorhersagbar, wenn man für jeden Zeitpunkt zweifelsfrei die Aktion bestimmen kann, die zu diesem ausgeführt wird. Während statische Ablaufpläne diese Eigenschaft erfüllen, ist dies für ereignisgesteuerte Systeme nicht möglich. Der eigentlich Ablauf richtet sich nach dem Eintreten von Ereignissen, deren logische und zeitliche Abfolge erst zur Laufzeit feststeht. Diese Eigenschaft ist für Echtzeitsysteme zwar wünschenswert, aber nicht zwingend notwendig: für die notwendige Analysierbarkeit ist ein deterministisches Verhalten bereits ausreichend.

Testbarkeit Bei rein funktionalen Tests auf Modulebene unterscheiden sich zeit- und ereignisgesteuerte Systeme nur unwesentlich. Anders sieht es hier bei der Absicherung der Fristen aus. Während bei zeitgesteuerten eine zeitliche Beeinflussung bestimmter

Komponenten durch andere Komponenten weitgehend ausgeschlossen werden kann, ist dies bei ereignisgesteuerten System nicht gegeben. Wie bereits erwähnt, sind aber auch ereignisgesteuerte Systeme hinsichtlich ihrer Fristen analysier- und somit auch testbar.

Erweiterbarkeit Je einfacher eine neue Komponente zu einem System hinzugefügt werden kann, umso besser ist ein System erweiterbar. In funktionaler Hinsicht gibt es hier keine gravierende Unterschiede zwischen zeit- und ereignisgesteuerten Systemen. Zusätzliche Komponenten beanspruchen natürlich auch zusätzliche Laufzeit. Die Einhaltung bestehender Fristen darf davon aber nicht berührt werden, ebenso muss die Einhaltung evtl. neu hinzukommender Fristen gewährleistet werden. In zeitgesteuerten Systemen müssen zu diesem Zweck evtl. Ablauftabellen neu berechnet werden, in ereignisgesteuerten System ist dagegen die Antwortzeitanalyse erneut durchzuführen.

Fehlertoleranz Im Hinblick auf die Implementierung von Fehlertoleranz haben zeitgesteuerte Systeme den Vorteil, dass sie sich von Natur aus replikdeterministisch verhalten. Replikdeterminismus ist eine wichtige Voraussetzung von *Triple Modular Redundancy* (TMR), die bevorzugte Weise um Fehlertoleranz in harten Echtzeitsystemen zu implementieren. In ereignisgesteuerten Systemen ist Zustandssynchronität dagegen nur sehr schwer zu gewährleisten und die verwendeten Protokolle sind in der Regel mit signifikantem Overhead behaftet (wie z.B. das Leader-Follower-Modell [1]).

Ressourcenauslastung In einem strikt zeitgesteuerten Echtzeitsystem ist der Abfragebetrieb (das sog. *Polling*) die einzige Möglichkeit zur Behandlung nichtperiodischer Ereignisse. Zusammen mit Nyquists Abtasttheorem bedeutet dies einen ernstzunehmenden Overhead durch das ständige Abfragen möglicher Ereignisse [2]. In ereignisgesteuerten Systemen können solche Ereignisse reaktiv behandelt werden, was das ständige Abfragen obsolet macht und eine effizientere Ressourcennutzung mit sich bringt.

2.2 Funktionale Eigenschaften

Der größte funktionale Unterschied zwischen zeit- und ereignisgesteuerten Systemen, der auch deren Entwicklung betrifft, ist die verwendete Kontrollflussabstraktion.

In zeitgesteuerten Systemen kommen in der Regel *einfache Ereignisbehandlungen* zum Einsatz, die zu Beginn Eingabedaten aus dem Speicher oder von Sensoren einlesen, diese dann verarbeiten und letztendlich ein Ergebnis in den Speicher oder über Aktoren ausgeben. Innerhalb der Ereignisbehandlungen existieren keine weiteren Synchronisationspunkte, so dass die Ereignisbehandlung bis zur Ausgabe des Ergebnisse ohne zu blockieren abläuft. Man bezeichnet dieses Verhalten auch als *run-to-completion*. Damit einher geht aber auch, dass etwaige Abhängigkeiten (z.B. Datenabhängigkeiten) zu anderen Ereignisbehandlungen nicht explizit in der Implementierung der Ereignisbehandlung modelliert werden können. Stattdessen muss durch die Berechnung eines geeigneten statischen Ablaufplans dafür Sorge getragen werden, dass all diese Abhängigkeiten eingehalten werden. Dieses Vorgehen setzt natürlich voraus, dass genügend a-priori Wissen vorhanden ist, um solche Ablaufpläne überhaupt berechnen zu können. Für nichtperiodische Ereignisse fehlt diese a-priori Wissen in der Regel.

In ereignisgesteuerten Systemen kommen häufig *komplexe Ereignisbehandlungen* zum Einsatz, die auch innerhalb der Verarbeitungsphase Synchronisationspunkte enthalten und somit blockieren können. Diese Synchronisationspunkte dienen der expliziten Modellierung von Abhängigkeiten zwischen verschiedenen Ereignisbehandlungen. Die zur Verfügung stehenden Möglichkeiten sind hier äußerst vielfältig und hängen vom jeweils verwendeten Betriebssystem ab. Zu ihnen zählen Schlossvariablen, Semaphore oder Nachrichten, um einige Beispiele zu nennen. Weil die Modellierung der Abhängigkeiten explizit in der Implementierung geschieht, kommt man in ereignisgesteuerten Systemen mit weniger a-priori Wissen aus. Das wird z.B. auch daran deutlich, dass ereignisgesteuerte Systeme besser zur Behandlung nichtperiodischer Ereignisse geeignet sind, von denen man das genaue zeitliche Verhalten nicht kennt.

2.3 Zusammenfassung und Diskussion

Zusammenfassend ist zu sagen, dass man grundsätzlich mit beide Ansätze, auch harte Echtzeitsysteme realisieren kann. Während bei fehlertoleranten Echtzeitsystemen eine Tendenz hin zum zeitgesteuerten Paradigma existiert, hat das ereignisgesteuerte Paradigma bei Echtzeitsystemen, die nichtperiodische Ereignisse behandeln müssen, gewisse Vorteile. Die eigentliche Problematik verbirgt sich jedoch hinter den verwendeten Kontrollflussabstraktionen. Diese sind für die beiden Paradigmen grundverschieden und verhindern damit, dass Anwendungen, die entweder für den zeit- oder ein ereignisgesteuerten Betrieb entwickelt wurden, einfach auf das andere Paradigma übertragen werden können. In den Anwendungen bestehende Abhängigkeiten müssten zunächst aufwendig manuell von ihrer impliziten in ihre explizite Darstellung oder umgekehrt konvertiert werden. Die Migration von einem zeit- zu einem ereignisgesteuerten System wird zusätzlich dadurch erschwert, dass die implizit modellierten Abhängigkeiten oft in der Implementierung nicht mehr sichtbar sind und erst heraus gefunden werden müssen. Der umgekehrte Weg dagegen erfordert häufig eine weitreichende Umstrukturierung der Anwendung, schließlich sind in der Verarbeitungsphase nun keine Synchronisationspunkte mehr erlaubt. Der entstehende Aufwand ist daher häufig so immens, dass eine komplette Neuentwicklung attraktiver erscheint.

3   Atomic Basic Blocks

Atomic Basic Blocks (ABBs) stellen eine Möglichkeit dar, um ein Echtzeitsystem unabhängig von dem verwendeten Ausführungsparadigma zu beschreiben. Zunächst gehen wir auf einige Anforderungen ein, die wir an ein Echtzeitsystem stellen, damit sie mit Hilfe von ABBs beschrieben werden können. Wir gehen nicht davon aus, dass beliebige Anwendungen durch ABBs darstellbar sind. Anschließend erläutern wir ABBs und wie man mit ihnen Echtzeitsysteme beschreiben kann. Für diesen Zweck werden Regeln angeben, die eine Transformation eines Echtzeitsystems in eine auf ABBs basierende Darstellung ermöglichen.

3.1 Anforderungen an Echtzeitsystemen

Die Anforderungen, die wir an Echtzeitsysteme stellen, sind zweierlei Ursprungs. Zum einen setzen wir eine bestimmte Struktur voraus, die in Echtzeitsystemen häufig anzutreffen ist, und die im folgenden erläutert werden soll. Zum anderen fordern wir, dass der Quelltext bestimmten Richtlinien entspricht, um diese Struktur auch am Quelltext ablesen zu können.

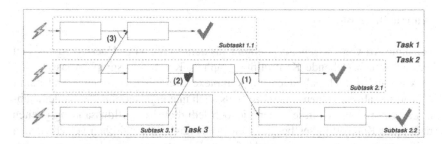

Abb. 1. Ein Echtzeitsystem gliedert sich immer in durch Ereignisse ausgelöste Ereignisbehandlungen (sog. *Tasks*). Ereignisbehandlungen bestehen dabei immer aus mindestens einer sog. *Subtask*, die weitere Subtasks abzweigen (1) oder in andere Subtasks münden kann. Diese Einmündungen können *oder*-Semantik (2) oder *und*-Semantik (3) besitzen.

Struktur Wir gehen davon aus, dass Echtzeitsysteme so aufgebaut sind, wie in Abb. 3.1 skizziert ist. Ein Echtzeitsystem besteht aus einer oder mehreren Ereignisbehandlungen (sog. *Tasks*), die immer durch das Auftreten eines Ereignisses (hier durch Blitze dargestellt) ausgelöst werden. Hierbei ist die Art des Ereignisses, also ob es periodisch oder nichtperiodisch auftritt, nicht von Bedeutung. Eine Ereignisbehandlung schließt mit der Erzeugung eines oder mehrerer Ergebnisse ab (hier durch Hacken dargestellt). Die eigentlichen Implementierungen der Ereignisbehandlungen, werden durch Kontrollflüsse dargestellt (sog. *Subtasks*). Im Fall von Verzweigungen (siehe z.B. (1)) kann ein Ereignis auch zu mehr als einem Ergebnis führen. Eine solche Verzweigung kann z.B. durch die Aktivierung eines Fadens erreicht werden. Neben Verzweigungen können auch Abhängigkeiten existieren, die entweder *oder*-Semantik (siehe z.B. (2)) oder *und*-Semantik (siehe z.B. (3)) besitzen können. In letzterem Fall, ist es möglich, dass mehrere Ereignisse nur zu einem einzigen Ergebnis führen. Quellen für solche Abhängigkeiten stellen entweder implizit vorhandene Datenabhängigkeiten dar, oder explizit mit Hilfe von Betriebssystemmechanismen wie Semaphore modellierte Abhängigkeiten.

Quelltext Um von einer Darstellung mit Hilfe von ABBs profitieren zu können, muss die Struktur, wie sie soeben beschrieben wurde, auch anhand des Quelltextes erkennbar sein. Hierfür ist es notwendig, dass bestimmte Elemente des Programms vom Alias-Problem nicht betroffen sind. Dies betrifft vor allem Betriebssystemelemente und Funktionen. Für Betriebssystemelemente ist das notwendig, weil z.B. immer klar sein muss, welcher Faden aktiviert oder welche Schlossvariable gerade belegt wird. All diese Aktionen modellieren explizit Abhängigkeiten und beeinflussen somit die oben beschrieben Struktur. Bei Funktionen im allgemeinen ist dies wichtig, weil sie durch Aufrufe der eben erwähnten Betriebssystemdienste die strukturelle Darstellung des Echtzeitsystems beeinflussen können. Man muss also entweder die aufgerufene Funktion herausfinden können, oder annehmen, dass diese Funktion keine solchen Betriebssystemdienste in

Anspruch nimmt. Diese Voraussetzung steht aber ohnehin im Einklang mit der Forderung nach der Analysierbarkeit des Quelltextes, die in Echtzeitsystemen üblich ist, und sollte daher keine übermäßige Einschränkung sein.

3.2   Atomic Basic Blocks

Eine bekannte Art von Zwischendarstellung aus dem Bereich des Übersetzerbaus sind aus Basisblöcken bestehende Kontrollflussgraphen. Kontrollflussgraphen lassen sich zwar sowohl auf einfache als auch auf komplexe Ereignisbehandlungen und damit auf Kontrollflussabstraktionen sowohl zeit- als auch in ereignisgesteuerter Systeme abbilden. Es lassen sich auf dieser Ebene jedoch lediglich Kontrollflussabhängigkeiten innerhalb eines Kontrollflusses beschreiben. Abhängigkeiten zwischen verschiedenen Kontrollflussgraphen, die explizit mit Hilfe von Betriebssystemmechanismen modelliert werden, können nicht wiedergegeben werden. Diese Lücke sollen ABBs schließen.

ABBs sind eine Erweiterung der konventionellen Basisblöcke und lassen sich wie diese auch in *minimale* und *maximale* ABBs unterscheiden. Minimale ABBs entsprechen jeweils minimalen Basisblöcken, maximale ABBs aggregieren möglichst viele (minimale oder maximale) Basisblöcke. ABBs reflektieren dabei alle Kontrollflussabhängigkeiten des ursprünglichen Kontrollflussgraphen und führen neue Kantentypen ein, die implizite und explizite kontrollflussübergreifende Abhängigkeiten beschreiben. Der Wald der Kontrollflussgraphen, der die Ereignisbehandlungen eines Echtzeitsystems implementiert, wird also mit einem globalen, aus ABBs bestehenden, Graphen überlagert. Dieser ABB-Graph enthält neben den Kontrollflussabhängigkeiten auch andere implizit und explizit modellierte Abhängigkeiten. Abb. 3.2 zeigt z.B. die Kontrollflussgraphen einer Ereignisbehandlung, die aus mehreren über Nachrichten kommunizierenden Fäden besteht. Auf der Ebene eines Kontrollflussgraphen (a) gibt es keine Möglichkeit die expliziten durch Nachrichten ((1), (4)) oder gegenseitigen Ausschluss ((2), (3)) modellierten Abhängigkeiten darzustellen. Mit Hilfe von ABBs (b) ist dies sehr wohl möglich. ABBs (gestrichelte Linien) fassen nun mehrere Basisblöcke zusammen und sind neben Kontrollflussabhängigkeiten noch durch weitere implizite und explizite Abhängigkeiten (gestrichelte Pfeile) miteinander verbunden. Diese Abhängigkeiten resultieren beispielsweise aus dem Versand von Nachrichten ((1), (4)) und der damit verbundenen, explizit modellierten Datenabhängigkeit bzw. aus der Sicherung kritischer Abschnitte z.B. mit einem binären Semaphor ((2), (3)). Während Datenabhängigkeiten unidirektional sind, sind Abhängigkeiten, die den gegenseitigen Ausschluss betreffen, bidirektional.

Das Vorgehen für die Bestimmung von maximalen ABBs in einem Kontrollflussgraphen ist ähnlich der Bestimmung von Basisblöcken aus einem Stück Quelltext. Prinzipiell beginnt ein maximaler ABB am Ende des im Kontrollflussgraphen vorhergehenden ABBs und dauert bis zu einem geeigneten Endpunkt an. Der folgende Satz von Regeln beschreibt die Kriterien zur Bestimmung von ABBs. Der ursprünglich in [5] veröffentlichte Regelsatz wird dabei verfeinert:

1. Ein maximaler ABB beginnt immer am Ende des im Kontrollflussgraphen vorhergehenden ABBs und dauert bis zu einem geeigneten Endpunkt an.

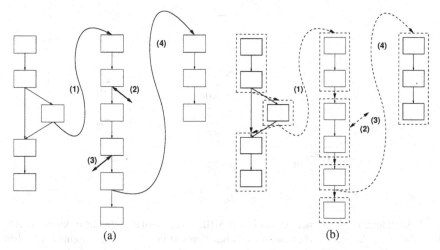

Abb. 2. Modellierung globaler Abhängigkeiten mittels Betriebssystemmechanismen auf der ebene von Kontrollflussgraphen (a) und mit Hilfe von ABBs (b)

2. Geeignete Endpunkte für ABBs sind:
   – Eine Subtask zweigt eine weitere Subtask ab.
   – Eine Subtask mündet in eine andere Subtask aufgrund einer Datenabhängigkeit (z.B. schreibt eine Subtask eine globale Variable, auf die eine andere Subtask lesend zugreift) oder einer explizit modellierten Abhängigkeit (z.B. einseitige Synchronisation oder zeitliche Abhängigkeiten).
   – Eine Subtask erwartet aus den oben aufgeführten Gründen die Einmündung einer anderen Subtask.
   – Ein kritischer Abschnitt wird betreten bzw. verlassen (z.B. im Falle mehrseitiger Synchronisation).
3. Ein ABB wird immer über genau einen Basisblock betreten bzw. verlassen.

Im ursprünglichen Regelsatz war es zwar auch möglich, global Abhängigkeiten abzubilden, jedoch ging dabei unnötig viel Information bei der Erzeugung des ABB-Graphen verloren. Die Regel, dass ein kritischer Abschnitt immer einem ABB entspricht, hätte z.B. zur Folge, dass Einmündungen oder Verzweigungen innerhalb dieses kritischen Abschnitts nur an dessen Ende erfasst werden würden. Aus diesem Grund bilden das Betreten und das Verlassen solcher kritischen Abschnitt nun lediglich geeignete Endpunkte für ABBs. In Abb. 3.2 ist die Wirkung dieser Änderung veranschaulicht. Ein kritischer Abschnitt wird z.B. durch eine P()-Operation auf einem binären Semaphor betreten (1) und durch eine V()-Operation wieder verlassen (2). Innerhalb des kritischen Abschnitts wird z.B. eine Nachricht versandt (3). Würde man nun den kompletten kritischen Abschnitt auf einen einzigen ABB abbilden, ließe sich auf Ebene der ABBs nicht mehr feststellen, wo innerhalb des kritischen Abschnitts die Nachricht eigentlich versandt wurde. Das ist vor allem dann kritisch ist, wenn der Versand z.B. von einer Bedingung in einer Verzweigung abhängt. Fasst man das Betreten und das Verlassen lediglich als geeigneten Endpunkt auf, so kann ein kritischer Abschnitt durchaus aus verschiedenen ABBs bestehen, was eine geeignete Unterteilung des kritischen Abschnitts in ABBs erlaubt.

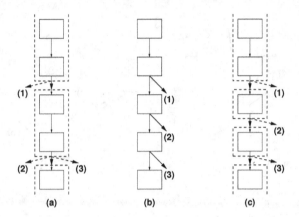

Abb. 3. Abbildung von kritischen Abschnitt auf ABBs: In (a) wird ein kompletter kritischer Abschnitt auf einen ABB abgebildet, in (c) wird das Betreten und das verlassen eines kritischen Abschnitts lediglich als ABB-Endpunkt aufgefasst. (b) stellt die Modellierung der Abhängigkeiten nur mit Betriebssystemmechanismen ohne ABBs dar.

Ebenso war es ursprünglich möglich, dass ein ABB über mehr als einen Basisblock betreten bzw. verlassen werden konnten. Dies hat zwei gravierende Nachteile. Zum einen lassen sich Fälle konstruieren, in den die Abbildung auf ABBs nicht mehr eindeutig, aber dennoch zulässig ist. Der andere Nachtteil ist in Abb. 3.2 illustriert. Wird beispielsweise aus beiden Nachfolgern einer Verzweigung eine Nachricht versandt ((1), (2)) so ließe sich im ABB-Graph nicht mehr feststellen, welcher der beiden Zweige welche Nachricht verschickt. Kann ein ABB nur noch über einen Basisblock betreten bzw. verlassen werden ist dies nicht mehr möglich.

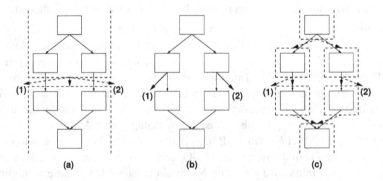

Abb. 4. Abbildung von Verzweigungen auf ABBs: (a) zeigt einen ABB-Graph, in dem ABBs über mehr als einen Basisblock betreten bzw. verlassen werden können. Hier ist es nicht mehr möglich festzustellen, welcher Pfad innerhalb der Verzweigung für welche Abhängigkeit verantwortlich ist. In (c) werden ABBs dagegen immer nur über einen Basisblock betreten. (b) stellt die Modellierung der Abhängigkeiten nur mit Betriebssystemmechanismen ohne ABBs dar.

4   Der Real-Time Systems Compiler

Der *Real-Time Systems Compiler* (RTSC) [5] ist ein Quelltexttransformationswerkzeug, das ABBs als Zwischensprache verwendet. Der grobe Aufbau des RTSC ist in Abb. 4 dargestellt und soll hier kurz betrachtet werden.

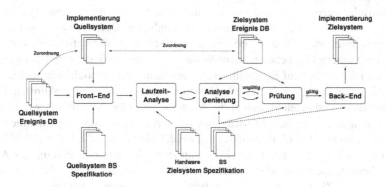

Abb. 5. Grobentwurf des *Real-Time Systems Compiler*

Aufgabe des RTSC ist es, ein *Quellsystem*, das im Quelltext vorliegt, in ein *Zielsystem* zu überführen, das ein anderes Betriebssystem verwenden kann. Hierzu ist es notwendig über die relevanten Ereignisse sowohl im Quell- als auch im Zielsystem Bescheid zu wissen. Diese Ereignisse werden in sog. *Ereignis Datenbanken* (DB) abgelegt, diese enthalten Information zu Periode, Phase, minimaler Zwischenankunftszeit und Frist der Ereignisse, sowie einen Verweis auf die jeweiligen Ereignisbehandlungen in der Implementierung. Für die Erkennung bzw. die Modellierung von expliziten globalen Abhängigkeiten im Quellsystem bzw. im Zielsystem ist Wissen über das jeweils eingesetzte Betriebssystem notwendig, dies wird dem RTSC über eine Betriebssystemspezifikation (*BS Spezifikation*) bekannt gemacht. Ein *Front-End* erzeugt aus dem Quelltext die ABB-Repräsentation des Echtzeitsystems. In einer *Laufzeitanalyse* werden die WCETs der einzelnen ABBs bestimmt. Diese WCETs werden in der folgenden *Analyse/Generierung* benötigt, um gewisse zeitlich Abhängigkeiten zwischen verschiedenen Ereignisbehandlungen zu analysieren und um z.B. statische Ablaufpläne zu berechnen. Aufgabe der *Analyse/Generierung* ist es nämlich, den ABB-Graphen des Quellsystems in den ABB-Graphen des Zielsystems zu transformieren. Dies umfasst unter anderem die Entfernung nicht mehr benötigter Tasks und Subtasks, z.B. wenn die entsprechenden Ereignisse nicht mehr Bestandteil des Zielsystems sind, aber auch die Abbildung der ABB-Graphen auf die vom Zielbetriebssystem zur Verfügung gestellte Kontrollflussabstraktion, z.B. auf Fäden oder statische Ablaufpläne. Eine *Prüfung* stellt sicher, dass alle explizit modellierten Abhängigkeiten erfüllt werden und führt für ereignisgesteuerte Systeme eine Planbarkeitsanalyse durch, die gewährleistet, dass alle Fristen eingehalten werden. Das *Back-End* gibt schließlich Quelltext aus, welcher auf das Zielbetriebssystem aufsetzt. Abhängigkeiten, die z.B. nicht analytische während der *Analyse/Generierung* garantiert werden konnten, müssen hier explizit mit Hilfe der Mechanismen des Zielbetriebssystems sicher gestellt werden.

5 Zusammenfassung und Ausblick

Eingangs werden zeit- und ereignisgesteuerte Echtzeitsystem im Hinblick auf ihre nicht-funktionalen und funktionalen Eigenschaften verglichen. Dabei stellt sich heraus, dass sowohl zeit- als auch ereignisgesteuerte Ansätze grundsätzlich für die Umsetzung harter Echtzeitsysteme geeignet sind. Zeitgesteuerte Systeme haben Vorteile bei der Realisierung fehlertoleranten Echtzeitsystemen, während sich ereignisgesteuerte Systeme für Anwendungen mit nichtperiodischen Ereignissen anbieten. Der Wechsel zwischen zeit- und ereignisgesteuerten Ansätzen erweist sich jedoch als problematisch, weil beide in der Regel mit unterschiedlichen Kontrollflussabstraktionen verknüpft sind. Im weiteren Verlauf wird daher eine auf Kontrollflussgraphen basierende Zwischendarstellung eingeführt, die unabhängig von der jeweils verwendeten Kontrollflussabstraktion ist. Diese Unabhängigkeit wird erreicht, indem die Modellierung globaler impliziter und expliziter Abhängigkeiten ermöglicht wird, ohne diese Abhängigkeiten implementieren zu müssen. Abschließend wird die Struktur des *Real-Time Systems Compiler* (RTSC) vorgestellt und erläutert. Der RTSC ist ein Quelltexttransformationswerkzeug, das ABBs als Zwischensprache verwendet. Zweck des RTSC ist es, ein Quellsystem so umzuformen, dass das Zielsystem ein anderes Betriebssystem verwenden kann. Interessant ist hier vor allem die Kombination eines ereignisgesteuerten Quellbetriebssystems und eines zeitgesteuerten Zielbetriebssystems. Dieser Problemstellung sieht sich die Automobilindustrie momentan gegenüber. Hier findet mit dem Wechsel von CAN zu Flex-Ray ein Wechsel von einer ereignis- zu einer zeitgesteuerten Kommunikationsplattform statt. Viele existierende Anwendungen müssen demnach entweder von einer ereignis- auf eine zeitgesteuerte Ausführungsumgebung migriert oder neu entwickelt werden.

Gegenwärtig befindet sich ein Front-End für reinen C-Code in Entwicklung. In naher Zukunft ist die Entwicklung eines Front-Ends für die ereignisgesteuerte Variante des OSEK Betriebssystems [4] geplant.

Literaturverzeichnis

1. Peter A. Barrett and Neil A. Speirs. Towards an integrated approach to fault tolerance in delta-4. *Distributed Systems Engineering*, 1(2):59–66, 1993.
2. Loic C. Briand and Daniel M. Roy. *Meeting Deadlines in Hard Real-Time Systems.* IEEE Computer Society Press, Los Alamitos, CA, USA, 1997.
3. Hermann Kopetz. Event-triggered versus time-triggered real-time systems. In *Proceedings of the International Workshop on Operating Systems of the 90s and Beyond*, pages 87–101, London, UK, 1991. Springer-Verlag.
4. OSEK/VDX Group. *Operating System Specification 2.2.3.* OSEK/VDX Group, February 2005. http://www.osek-vdx.org/.
5. Fabian Scheler, Martin Mitzlaff, Wolfgang Schröder-Preikschat, and Horts Schirmeier. Towards a real-time systems compiler. In *Proceedings of the 5th International Workshop on Intelligent Solutions in Embedded Systems (WISES '07)*, pages 62–75, Leganes (Madrid), Spain, June 2007. IEEE Computer Society Press.
6. Fabian Scheler and Wolfgang Schröder-Preikschat. Time-triggered vs. event-triggered: A matter of configuration? In *Proceedings of the GI/ITG Workshop on Non-Functional Properties of Embedded Systems*, pages 107–112, Nuremberg, Germany, March 2006. VDE Verlag GmbH.

FAUST: Entwicklung von Fahrerassistenz- und autonomen Systemen

Technische Informatik an der Hochschule für Angewandte Wissenschaften Hamburg

Stephan Pareigis, Bernd Schwarz, Franz Korf

Hochschule für Angewandte Wissenschaften Hamburg, Department Informatik,
Berliner Tor 7, 20099 Hamburg

Zusammenfassung. Der Beitrag beschreibt ein Ausbildungs- und Entwicklungsprojekt am Department Informatik der Hochschule für Angewandte Wissenschaften (HAW) Hamburg. Auf verschiedenen Fahrzeugplattformen werden Fahrerassistenz- und autonome Systeme entwickelt. Die zu erarbeitenden Inhalte umfassen die Themen verteilte Echtzeitsysteme, Sensordatenverarbeitung und Bildverarbeitung. Aus didaktischer Sicht wird durch die geforderte Teamarbeit ein hohes Motivationspotential der Studierenden erreicht, durch das neben den technologischen Kenntnissen auch Softskills vermittelt werden.

Insgesamt entsteht durch das Projekt ein Arbeitsumfeld, welches für die Studierenden eine hochwertige Ausbildung mit Praxisbezug bietet. Gleichzeitig stellt es für die betreuenden Professoren eine Plattform für Forschungsarbeiten und Industriekontakte bereit.

1 Einleitung

Das Ziel einer praxisgerechten Ausbildung an einer Hochschule ist es, die Studierenden so auf den Arbeitsmarkt vorzubereiten, dass sie nach kurzer Einarbeitungszeit in komplexe Industrieprojekte integriert werden können. Ein Instrument, mit dem dieses Ziel erreicht werden kann, besteht darin, schon im Studium Entwicklungsprojekte zu etablieren, die eine große Anzahl von Aspekten des späteren Berufslebens beinhalten. Im Department Informatik der HAW Hamburg wurde vor 2 Jahren das Projekt FAUST ins Leben gerufen. Es umfasst mehrere Teilprojekte mit speziellen Aufgabenstellungen, die unter dem Leitthema *Fahrerassistenz- und autonome Systeme* stehen. Folgende zusätzliche Ziele werden durch FAUST verfolgt:

- Die hochschulinternen Projekte sollen möglichst realitätsnah das spätere Arbeitsumfeld der Studierenden wiedergeben.
- Die ersten Entwicklungsbeiträge sollen im Bachelorstudium erarbeitet und im konsekutiven Master fortgesetzt und vertieft werden.
- Unterschiedliche Spezialgebiete der Professoren sollen in gemeinsamen Projekten zur Anwendung kommen und zusammengeführt werden.

In Abschnitt 2 werden die Ausbildungsziele für den Studiengang Technische Informatik formuliert. Nach einer Übersicht zu den einzelnen FAUST-Projekten in Abschnitt 3 fasst Abschnitt 4 die bisher gesammelten Erfahrungen zusammen.

2 Ausbildung Technische Informatik

Technologische Ausrichtung der Ausbildung Eine charakteristische Eigenschaft des Entwurfs von eingebetteten Systemen ist dadurch gegeben, dass Software- und Hardware-Aspekte zusammen betrachtet werden müssen. Nur durch eine gemeinsame Analyse dieser Aspekte lassen sich die anwendungsspezifischen Entwurfsrandbedingungen erfüllen: hohe Leistungsfähigkeit, geringer Energieverbrauch und in der Regel ein enger Kostenrahmen.

In der Bachelor- und Masterausbildung der Technischen Informatik wird ein Schwerpunkt bei den Methoden der Software-Entwicklung und bei der hardwarenahen Systemprogrammierung von Echtzeitsystemen gesetzt. Zusätzlich wird der Zugang zu eingebetteten Plattformen mit FPGAs durch Veranstaltungen geschult, die Entwurfsmethoden für digitale Systeme und die synthesegerechte Modellierung mit VHDL behandeln. In den FAUST-Projekten wird ausgehend von diesen Ausbildungsschwerpunkten eine zweistufige Vorgehensweise erprobt:

- Der erste Systementwurf ist auf Computer-Plattformen ausgerichtet, die eine Software-Lösung mit Nutzung komplexer Bibliotheken erlauben, sodass spezielle Fahrzeugfunktionen verfügbar werden.
- Zur Leistungssteigerung werden im zweiten Schritt Funktionen identifiziert, die sich sukzessive auf eine FPGA-Plattform auslagern lassen, welche die Arbeit eines Beschleunigers übernimmt.

So können sich interessierte Masterstudenten mit dem Einsatz von Plattform-FPGAs auch in den Bereich des Hardware-Software-Codesign einarbeiten.

Ausbildungsinhalte Die Theorieausbildung im Studiengang Technische Informatik besteht aus Mathematik und Automatentheorie. Trotz der Berechtigung für Theorieveranstaltungen an sich ist es hilfreich, wenn die Theorieinhalte Anwendungen in anderen Veranstaltungen haben (vgl. Tabelle 1). Echtzeitsysteme mit Aktorik- und Sensorikschnittstellen sowie insbesondere autonome Fahrzeuge verlangen darauf aufbauende Theoriekenntnisse. Der Bedarf an spezifischen

Tabelle 1. Anwendungen für Theorieinhalte in anderen Veranstaltungen

Theorieinhalt	Anwendung in der Veranstaltung
Logik	Grundlagen der Technischen Informatik
Differentialrechnung	Elektrotechnik
Gleichungssysteme, Matrizen	Elektrotechnik
Folgen und Reihen	Algorithmen und Datenstrukturen, Komplexität
Automatentheorie	Betriebssysteme

Theoriekenntnissen in den FAUST-Projekten erzeugt zahlreiche Anwendungsbeispiele für Theorieveranstaltungen (vgl. Tabelle 2).

Tabelle 2. Erforderliche Theoriekenntnisse in Echtzeitanwendungen und autonomen Systemen

Theoriekenntnisse	Anwendung in eingebetteten Echtzeit- und autonomen Systemen
lineare Ausgleichsprobleme mit der Methode der minimalen Fehlerquadrate	Kennlinienbestimmung und Kalibrierung von Sensoren
Integralrechnung und numerische Integration	Auswertung von Daten aus Beschleunigungssensoren und Gyroskopen
Interpolation durch Polynome und Splines	Bahnplanung für autonome Fahrzeuge
lineare Transformationen und Vektorraumtheorie	Bildverarbeitung
Differentialgleichungen	kinematische Modellierung autonomer Systeme
Differentialgleichungen	Geschwindigkeitsregelung u. Bahnführung eines autonomen Fahrzeugs
hierarchische Automaten	Modellierung und Realisierung von Echtzeitsystemen

Neben dem Theoriezweig bilden Kern- und Vertiefungsfächer sowie die Grundlagenfächer der Informatik, wie zum Beispiel Programmiertechniken oder Algorithmen und Datenstrukturen, die beiden weiteren Säulen der Ausbildung. Kern- und Vertiefungsfächer decken insbesondere Themengebiete wie Echtzeitprogrammierung, Computer Engineering, Modellierung und Verteilte Systeme ab. Einige diese Fächer sind obligatorisch, andere werden aus einem Kanon von Wahlpflichtfächern gewählt.

Somit entsteht folgende Kette der Wissensvermittlung: Veranstaltungen zur Theorie und den Grundlagen der Informatik bilden die Basis, auf der Kern- und Vertiefungsfächer aufbauen. Die dort erworbenen Fähigkeiten bilden eine zentrale Grundlage der FAUST-Projekte. In diesem Umfeld werden sowohl Bachelor- und Masterarbeiten als auch mehrsemestrige, aufeinander aufbauende Arbeiten der projektorientierten Masterausbildung erstellt. Bemerkenswert ist folgende Rückkopplung: Einige Studenten aus dem dritten und vierten Semester arbeiten aus reinem Interesse in FAUST-Projekten mit und bereiten so oftmals den Einstieg in ihre Bachelorarbeiten vor. In diesem Arbeitsumfeld wird die Relevanz der Bachelorkurse deutlich hervorgehoben, welches die Motivation der Studenten für diese Veranstaltungen steigert.

Die FAUST-Projekte liefern somit eine zusätzliche Klammer für das Gesamtcurriculum.

FAUST in der Ausbildung Die FAUST-Projekte konzentrieren sich auf die drei Fahrzeugplattformen *SCV, intelliTruck* und *HAWKS Racing Informatik* (vgl. Tabelle 3), die jeweils von Teams betreut werden. Zusätzlich stehen in

Tabelle 3. Die drei Plattformen für autonome Systeme in der Ausbildung Technische Informatik an der HAW.

FAUST-Teilprojekt	Charakteristika
SCV *Sensor Controlled Vehicle*	Ein industrielles Schulungsfahrzeug, das von Masterstudenten neu aufgebaut wurde.
intelliTruck	Ein Modellfahrzeug mit Verbrennungsmotor, welches durch Bachelorarbeiten vorangetrieben wird.
HAWKS Racing Informatik	Ein departmentübergreifendes Projekt zwischen Fahrzeugtechnik, Maschinenbau, Betriebswirtschaftslehre, Design und Informatik.

Lehrveranstaltungen Fahrzeuge wie Modellgabelstapler, Modelllastwagen, ct-Bots oder Pioneer Roboter zur Verfügung.

Die Projektziele in den FAUST-Teilprojekten haben unterschiedliche Schwerpunkte, wobei sich die Aufgabenstellungen und die zu handhabenden Technologien überschneiden, z.B. Echtzeitanforderungen, Fehlerbehandlung und EMV-

Tabelle 4. Technologische Gemeinsamkeiten autonomer Systeme.

Technologie	SCV	intelliTruck	HAWKS Racing Informatik
Bussystem	CAN, FlexRay	CAN	TTCAN
Hauptsensorik	Kamera, Laserscanner	Kamera, Hallsensoren	Telemetrie
μController	Celeron, ARM7; MC32	miniATX und AVR	AVR
Betriebssystem	QNX; zeitgest. System	XP Embedded	zeitgesteuertes System
Kommunikation	WLAN	WLAN	WLAN

Aspekte. (vgl. Tabelle 4). Um die Projekte zu verbinden und den Wissenstransfer zu gewährleisten, werden eine Reihe von Maßnahmen durchgeführt:

- Interne Emailverteiler, bei denen sich jeder Studierende anmelden kann, sorgen dafür, dass aktuelle Informationen schnell und gezielt verbreitet werden.
- Ein gemeinsames Abschlusskolloquium hält die Studierenden der anderen Projekte auf dem neuesten Stand.
- Ein speziell eingerichtetes Internetforum ermöglicht themenspezifische Diskussionen zusammen mit Suchfunktionen.
- Spezielle Wikis enthalten sortierte Informationen für Neueinsteiger.

- Mehrere aus Studiengebühren finanzierte Masterstudenten kümmern sich um die Kontinuität in den Projekten: Pflege von Sourcecode, Wiki, Hardware.
- Durch das gemeinsame Label *FAUST* erhält das Projekt unter Studierenden, bei Kollegen und der Hochschulverwaltung einen einheitlichen Stellenwert.

3 Die Einzelprojekte

3.1 Sensor Controlled Vehicle

Studenten der Technischen Informatik entwickeln im Masterkurs *Verteilte Einge-bettete Systeme* ein fahrerloses Transportsystem (FAUST-SCV vgl. Abb. 1) als Versuchsträger für passive und aktive Fahrerassistenzfunktionen. Fahrerwarn-systeme, automatische Notbremsungen, geführte Spurwechsel zur Kollisionsver-meidung sowie ein Einparkassistent sind die ersten Entwicklungsziele.

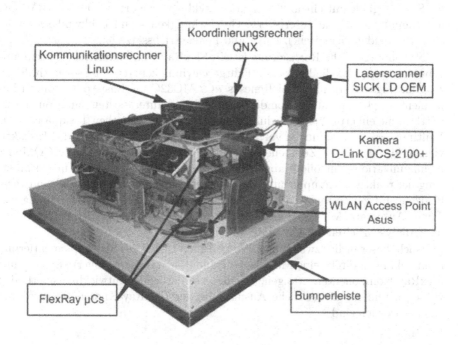

Abb. 1. FAUST-SCV. Entwicklung von Fahrerassistenzsystemen, Fahrerwarnsystemen und geführten Spurwechseln zur Kollisionsvermeidung.

Ein entwickeltes Fahrerassistenzsystem nutzt eine Laserscanner-basierte drei-stufige Objekterkennung. Die Abstandsmesswerte der 360° Scans durchlaufen zur Rauschunterdrückung eine Tiefpassfilterung, die mit einem Bypass zur Re-aktion auf sprungförmige Signaländerungen ergänzt ist. Eine Segmentierung der

Messwerte liefert eine Datenmengenreduktion, indem zur Klassifizierung zusammenhängender Objekte Kennwerte extrahiert werden: Polarkoordinaten ausgezeichneter Begrenzungspunkte und Schwerpunktskoordinaten. Zur Verfolgung bewegter Objekte, zur Identifikation neu erfasster Objekte sowie zur Eliminierung nicht mehr sichtbarer Objekte werden aufeinander folgende Segmente verglichen und nach Überprüfung von Abweichungskriterien in kartesische Objektkoordinaten transformiert. Die aktualisierten Objektkennwerte und ein Bewegungsvektor fließen in die Berechnungen eines Bremsassistenten und einer Ausweichführung ein, deren Ergebnisse in einem Entscheider nach dem Subsumption-Ansatz für die Fahrzeugsteuerung ausgewertet werden.

Dieser Strategie folgend sind ein Brems- und ein Ausweichassistent auf einem Industie-PC mit Celeron-μP in PC104-Technik realisiert worden (vgl. Koordinierungsrechner in Abb. 1) [1], [2]. Unter QNX sind die Funktions- und Kommunikationsmodule als Thread-System implementiert. Die Kommunikation zwischen den beteiligten Systemkomponenten ist mit einem CAN-Bus realisiert, der Sollwertvorgaben aus dem Kommunikationsrechner mit einem 50 ms Zyklus und die Sensorsignale mit einem 20 ms Abtastzyklus transportiert. Je ein ARM7 μC übernimmt jeweils die unterlagerte Geschwindigkeits- und Lenkwinkelregelung eines der beiden elektrischen Fahr- und Lenkantriebssätze [3].

Für eine Kfz-nahe Realisierung ist ein FlexRay Kommunikationssystem aufgebaut worden, das die Lenk- und Fahrgeschwindigkeitsregelung sowie ein Fahrzeugführungssystem mit zwei Renesas μCs MC32C als Basiskonfiguration implementiert [4]. Zur Integration der komplexeren Fahrerassistenzfunktionen liegt mittlerweile ein erprobter Schedulingalgorithmus zur statischen Taskplanung für Multiprozessoranwendungen vor. Ein azyklischer Dispatcher führt die Taskaktivierung durch, dessen Zeitsteuerung direkt aus der Zeitbasis des DECOMSYS Kommunikationscontrollers abgeleitet wird. Die Transformation und Einbettung der reaktiven Komponenten des Fahrzeugführungssystems in das Software-Konzept mit zeitgesteuerten Tasks erfolgt mit Methoden zur Beschreibung von Timed Automata. Mit Werkzeugen der Firma DECOMSYS werden die Entwurfs- und Analysearbeiten am Fahrzeug durchgeführt.

Nach dieser bisher zweistufigen Vorgehensweise bei der SW-Implementierung kann zukünftig direkt eine Modulentwicklung für das zeitgesteuerte System mit FlexRay-Komponenten erfolgen, da die erforderlichen Entwicklungsmethoden vorliegen und für die zeitliche Ausnutzung der FlexRay-Knoten Reserven berechnet worden sind.

3.2   intelliTruck

Die Plattform des intelliTruck-Projektes ist ein Modellfahrzeug im Maßstab 1:5 ausgerüstet mit einem 27 cm^3 Zweitaktmotor, so dass eine Geschwindigkeit bis zu 65 km/h erreicht werden kann (vgl. Abb. 2). Die Aufgabenstellung für das Fahrzeug besteht darin, einen vorgegebenen Kurs autonom abzufahren. Zur konzeptionellen Orientierung dient dabei der von der DARPA ausgerichtete Grand Challange Wettbewerb. Das limitierte Montagevolumen für bildverarbeitende

Abb. 2. intelliTruck. Ein Verbrennerfahrzeug mit einem Embedded PC, ATMEL AVR Boards und CAN Bus.

Rechnerkomponenten führt zu einer Einschränkung des geplanten Funktionsumfangs auf eine optische Orientierungsfunktion, die spezielle optische Marken auf dem Fahrkurs nutzt. Zum Einsatz kommt die an der RWTH Aachen entwickelte Bildverarbeitungsbibliothek LTI-lib. Der autonome Betrieb des Fahrzeugs wird zusätzlich durch weitere Technologien für die Fahrzeugsteuerung und die Kommunikationsschnittstellen unterstützt (vgl. Tabelle 5). Projektbeiträge wurden bisher im Rahmen von zahlreichen Bachelorarbeiten erarbeitet ([5] bis [12]). Die umfangreichen Anforderungen der Fahrzeugführung in Bezug auf Echtzeit, Sicherheit und Qualitätssicherung wirken motivierend auf die Studenten und bereiten sie auf industrielle Arbeitsbereiche sowie auf den konsekutiven Masterkurs vor.

Tabelle 5. intelliTruck. Übersicht zu Fahrzeugfunktionen und eingesetzten Technologien

Anforderung	Technologie
Steuerung	CMOS Kamera über USB am PC
Fahrregelung	Hallsensoren an allen Rädern
Fahrregelung	Beschleunigungssensor
Kurvenregelung	Gyroskop
interne Kommunikation	CAN Bus
Sicherheit / Notaus	CPLD-Schaltung
autonomer Betrieb und Kontrolle	Subsumption-Architektur
Telemetrie und Konfiguration	WLAN und Labview

3.3   HAWKS Racing

Formula Student Innerhalb der "Formula Student" bauen interdisziplinäre Teams einsitzige Formelrennwagen, um damit bei einem Wettbewerb gegen Teams aus der ganzen Welt anzutreten. In den USA rief die "Society of Automotive Engineers" (SAE) 1981 die "Formula SAE®" ins Leben, an der jedes Jahr rund 140 internationale Studententeams teilnehmen. Mittlerweile ist dieser Wettbewerb auch in Europa und Australien etabliert. In Deutschland richtet der Verein Deutscher Ingenieure (VDI) die "Formula Student Germany" aus.

Das HAWKS Racing Team der HAW Hamburg wurde 2001 von Studenten der Fahrzeugtechnik gegründet. Mittlerweile arbeiten auch Studenten der Departments Design, Elektrotechnik, Maschinenbau und Informatik in dem Team mit, das sich wie eine kleine Firma mit circa 40 Mitarbeitern aufgestellt hat. Das Team nimmt in diesem Jahr am deutschen Wettbewerb auf dem Hockenheimring und am Wettbewerb in Italien teil (vgl. Abb. 3). In die Gesamtbewertung des Fahrzeugs gehen neben der Fahrzeugendgeschwindigkeit als wesentliche Kriterien die Konstruktionsdetails, der Innovationsschub gegenüber dem Vorjahresmodell, das dokumentierte Wissen über die Fahrzeugeigenschaften, die Finanzplanung und die Verkaufsargumentationen ein.

Abb. 3. H03: Der dritte Rennwagen des HAWKS Racing Teams

HAWKS Racing Informatik Seit November 2006 arbeiten mehrere Studenten der technischen Informatik aus reinem Interesse im HAWKS Racing Team mit. Zwei Studenten haben ihre Bachelorarbeiten in diesem Kontext erstellt [13], [14].

Das HAWKS Racing Informatik Team entwickelt ein μC-basiertes, verteiltes Telemetrie- und Sensoriksystem. Die Controller sind über einen TTCAN Bus gekoppelt. An verschiedenen Messstellen sammeln mehrere Controller über Sensoren aktuelle Fahrwerks- und Motordaten. Diese werden über einen TTCAN-Bus an einen Controller mit WLAN Modul weitergeleitet. Dieser leitet die Daten via WLAN an den Leitstand, der die Daten mit Labview live auswertet. Für den

Fall, dass die Funkverbindung zwischen Rennwagen und Leitstand temporär abbricht, werden die Daten zusätzlich auf einem μC-Board zwischengespeichert.

Aus Kosten- und Zeitgründen wird momentan eine CAN-Bus Architektur eingesetzt (vgl. Tabelle 6). Für nächste Generationen ist ein hierarchisches Bussytem angedacht, das auf Architekturen wie FlexRay, CAN und LIN basiert.

Tabelle 6. HAWKS Racing Informatik: Anforderungen und eingesetzte Technologien

Anforderungen	Technologien
Echtzeit	Time Triggered Busysteme und Time Triggered Softwarearchitekturen
Sensorik im Rennwagen	Radlagersensoren, Gyroskop, Dehnungsmessstreifen
Telemetrie	WLAN und Labview
Integration neuer Studenten	Entwurfsmuster für SW-Module u. HW-Konfigurationen
Termintreue	Projektmanagement, Software Engineering

HAWKS in der Ausbildung Die Konzepte und Techniken, die in den Vorlesungen vermittelt werden, setzen die Studierenden in vorlesungsbegleitenden Praktika um. HAWKS geht einen Schritt weiter. Wie von der Formula Student beabsichtigt, arbeiten die Studenten wie in einer Firma. Sie sammeln praxisrelevante Erfahrungen in Gebieten wie Teamwork, Zeit- und Projektmanagement, interdisziplinäre Kooperation und unternehmensorientiertes, wirtschaftliches Denken. Im Gegensatz zu einem Industriepraktikum treffen die Studenten die Entscheidungen selbst und erhalten in kürzester Zeit ein spürbares Feedback. Somit ergänzen Informatikstudenten ihre im Studium erworbenen Ingenieurqualifikationen innerhalb des HAWKS Projekts.

HAWKS aus Studentensicht Primär engagieren sich die meisten Studenten aus Interesse an der Aufgabenstellung und an der interdisziplinären Arbeit im HAWKS Team. Weiterhin bauen die Studenten wesentliche Kontakte für den Berufseinstieg auf. Die Sponsoren des Wettbewerbs und die Sponsoren des eigenen Teams sind potentielle Arbeitgeber, die sich schon früh ein gutes Bild von den Bewerbern machen können.

4   Resümee

Häufig besteht an Fachhochschulen das Problem des fehlenden wissenschaftlichen Mittelbaus. Die durchschnittliche Verweildauer eines Absolventen in einem Projekt ist ein halbes Jahr. Danach verliert man oft einen sehr engagierten „Mitarbeiter" mit wichtigem Knowhow. Dem wirkt FAUST entgegen, indem

- die festangestellten wissenschaftlichen und technischen Mitarbeiter aktiv in die Projekte einbezogen werden.
- Masterstudierende, die sich um die Kontinuität in den Projekten kümmern, finanziert werden.
- kontinuierlich Studierende für FAUST-Projekte aquiriert werden und somit keine Personallücke entsteht.

Wir haben die Erfahrung gemacht, dass das projektorientierte Arbeiten motivierend auf die Studierenden wirkt. Die Qualität von Bachelorarbeiten in einem Projekt ist im allgemeinen deutlich höher als die von Einzelarbeiten, die keinem Projekt angehören. Zudem kann allgemein auf höherem Niveau gearbeitet werden, weil schon funktionsfähige Hard- und Software existieren.

In den Projekten sind sowohl Bachelor- als auch Masterstudierende involviert. Dies führt zu einem Austausch zwischen Studierenden mit unterschiedlichem Hintergrund. Der Übergang vom Bachelor- in das Masterstudium ist dadurch stimmig.

Literaturverzeichnis

1. Cordes St: Automatischer Bremsassistent auf Basis einer Laserscanner-Abstandserfassung für ein fahrerloses Transportsystem, Masterarbeit 2006
2. Pröhl A: Automatischer Ausweichassistent auf Basis einer Laserscanner-Abstandserfassung für ein fahrerloses Transportsystem, Masterarbeit 2006
3. Meier S: Erfassung und Verarbeitung von Sensormesswerten für die Stabilisierung in Längs- und Querrichtung eines holonomen Fahrzeugs bei Kurvenfahrt, Bachelorarbeit 2006
4. Sellentin J: Ein zeitgesteuertes, verteiltes SW-Konzept implementiert auf FlexRay-Komponenten für ein fahrerloses Transportsystem, Masterarbeit 2006
5. Hensel E: Design und Implementation eines Sicherheitskonzepts für den Betrieb eines autonomen Fahrzeuges, Bachelorarbeit 2007
6. Natzke M: System und Kommunikationsarchitektur zum autonomen Betrieb eines Modellfahrzeugs, Diplomarbeit 2007
7. Maroske S: Ein kognitives Verfahren zur Unterstützung von Funkkommunikation zwischen autonomen Systemen, Bachelorarbeit 2007
8. Schreibern C: Telemetrie in mobilen Systemen mit TCP/IP, WLAN und Feldbus Technologien, Diplomarbeit 2006
9. Yusufi K: Entwicklung eines Supervisory, Control And Data Acquisition Systems (SCADA) für Fahrerlose Autonome Transportsysteme unter Verwendung von Standard-Software, Funktechnologien und TCP/IP Netzwerken, Bachelorarbeit 2006
10. Manske N: Eine einfache, schnelle und speicherschonende Technologie zur Implementation des Zustands-Entwurfsmusters, Bachelorarbeit 2006
11. Arsalan Z: Regelung von autonomen Modell-Lastfahrzeugen zum selbstständigen Fahren und Überholen, Bachelorarbeit 2006
12. Nar U: Algorithmen zur Wegefindung in Routenplanern, Studienarbeit 2005
13. Haase S: Telemetrie im Formula Student Rennwagen auf Basis von CAN-Bus, Datenspeicherung und Wireless LAN Technologien, Bachelorarbeit 2007
14. Schuckert S: Mikrocontrollerbasierte Telemetrie und Echtzeitauswertung von Sensordaten im Formula Student Rennwagen, Bachelorarbeit 2007

Nutzung von FlexRay als zeitgesteuertes automobiles Bussystem im AUTOSAR-Umfeld

Stephan Reichelt[1], Dr. Karsten Schmidt[1], Frank Gesele[2], Nils Seidler[3] und Prof. Dr. Wolfram Hardt[4]

[1] Audi Electronics Venture GmbH, Gaimersheim
[2] AUDI AG, Ingolstadt
[3] TTTech Automotive GmbH, Wien
[4] Technische Universität Chemnitz

Zusammenfassung. Der vorliegende Beitrag diskutiert das Nutzungspotential des deterministischen Bussystems FlexRay im Automobil. Dabei wird sowohl auf das Konzept einer zeitgesteuerten System- und Knotenarchitektur sowie deren mögliche Umsetzung näher eingegangen. In Verbindung mit dem Standard AUTOSAR und geeigneter Betriebssystemunterstützung lässt sich ein deterministisches Zeitverhalten und dadurch eine erhebliche Verbesserung in der Qualität von Fahrwerkregelsystemen erreichen. Ergänzt wird der Artikel um praktische Erfahrungen bei der Anwendung der aktuellen Entwicklungsumgebung.

1 Einleitung

Moderne Oberklassefahrzeuge integrieren bereits zum heutigen Zeitpunkt bis zu 80 Steuergeräte [1] in einem Systemverbund. Die Entwicklungen der vergangenen Jahre lassen erwarten, dass ein Großteil neuer Funktionen und Innovationen im Fahrzeug auch in Zukunft durch Software realisiert wird. Wettbewerbsdifferenzierung und erhöhte Kundenansprüche an Neufahrzeuge bedingen somit einen Zuwachs an Funktionalitäten. Dieser muss durch geeignete Prozesse, Entwicklungstools und standardisierte Architekturen beherrscht werden.

Speziell im Bereich der Fahrwerkregelsysteme sind in den nächsten Jahren neue Funktionen zu erwarten. Weiterhin sind die Fahrzeughersteller bei der Integration dieser neuen Funktionalitäten mit einer explodierenden Vielfalt an Varianten und Modifikationen konfrontiert. Diese ergeben sich aus der baureihenübergreifenden Wiederverwendung von Komponenten, Evolutionsstufen im Laufe eines Fahrzeug-Lebenszyklus sowie – vor allem – den möglichen Ausstattungsvarianten. Die Vergabe der Entwicklungsaufträge an unterschiedliche Zulieferer erhöht den Aufwand, der zur Beherrschung dieser Vielfalt betrieben werden muss. Da diese enorme Komplexität auch erweiterte Forderungen an das zugrunde liegende Kommunikationssystem stellt, bietet sich der Einsatz mehrerer Bussysteme und -technologien an. Dabei werden semantisch heterogene Kommunikationsströme (bspw. Body und Infotainment) voneinander entkoppelt; zusätzlich bieten Bussysteme wie FlexRay erweiterte Möglichkeiten zur Umsetzung spezieller Scheduling-Konzepte. Im Hause Audi wird derzeit eine erweiterte Netzwerkarchitektur mit FlexRay-Komponenten entwickelt [2]. Mit der

Verwendung dieses Busses gehen neue Möglichkeiten in der Entwicklung software-gestützter Innovationen einher, die im Folgenden näher betrachtet werden.

2 FlexRay

Die stetig wachsende Vernetzung im Fahrzeug und die gestiegenen Anforderungen an Kommunikationstechnologien hinsichtlich Bandbreite und Übertragungssicherheit führten im Jahr 1999 zur Gründung des FlexRay-Konsortiums. Ziel des Zusammen-schlusses war die Entwicklung eines deterministischen, fehlertoleranten Kommunika-tionssystems mit einer maximalen Übertragungsrate von 10 MBit/s. Das Protokoll FlexRay wurde auf der Basis der Konzepte zeitgesteuerter Bussysteme wie TTP/C [11] und dem von BMW entwickelten byteflight [5] entwickelt. Im Jahr 2006 erschien mit dem X5 das erste Fahrzeug, in dem Steuergeräte über das FlexRay-Bussystem vernetzt sind [6]. In den nächsten Jahren ist mit der Nutzung des Busses in weiteren Fahrzeugen zu rechnen.

2.1 Topologie

FlexRay erlaubt neben einer Realisierung als Stern auch eine klassische lineare Bus-Architektur. Jedes kommunizierende Steuergerät kann an zwei Kanäle des Busses, die sogenannten *Channels*, angebunden werden, die redundant zur Erhöhung der Fehler-toleranz oder separat zur Bandbreitenerhöhung betrieben werden können. Bei Nut-zung einer Sternarchitektur verbindet der Stern-Koppler Zweige miteinander, die ih-rerseits wieder als Stern oder als linearer Bus realisiert sein können. Der aktive Stern entkoppelt dabei einzelne Zweige elektrisch voneinander. Eine erweiterte Möglichkeit zur Erhöhung von Ausfall- und Störsicherheit stellt das Konzept des *Central Bus Guardian* dar. Dieser bietet die Möglichkeit, fehlerhafte Branches während der Lauf-zeit vom restlichen Bus abzukoppeln. Ursachen können bspw. Leitungskurzschlüsse, "babbling Idiots" oder verletzte Timing-Parameter sein. Aktuell hat der Bus Guardian aufgrund seines vorläufigen Spezifikationsstandes noch keine Relevanz. Sein Einsatz – speziell im Kontext sicherheitsrelevanter Funktionen – ist jedoch zu erwarten.

2.2 Kommunikation

Der periodische Kommunikationszyklus (siehe Abbildung 1) in FlexRay, der soge-nannte *Cycle*, enthält ein statisches und ein dynamisches Segment. Diese werden ent-sprechend in *Static* bzw. *Dynamic Slots* unterteilt und sind mit einem Identifikator gekennzeichnet. Innerhalb der Slots werden Nutzdaten in sogenannten *Frames* über-tragen. Im statischen Segment sind alle Slots gleich lang. Damit kann sichergestellt werden, dass ein fehlerhaft konfigurierter Knoten nicht zum Verlust des gesamten Segments führt, sondern lediglich die betroffenen Frames unbrauchbar werden. Somit kann die Nutzung des Segments nach dem Ablauf des entsprechenden Slots gewähr-leistet werden. Nach dem dynamischen Segment folgt das optionale *Symbol Window*, das zur Übertragung spezieller Verwaltungsinformationen genutzt wird. Im Anschluss an das Symbol Window herrscht innerhalb der *Network Idle Time* für eine bestimme Zeit Busruhe, um die verteilte Uhrensynchronisation zu ermöglichen.

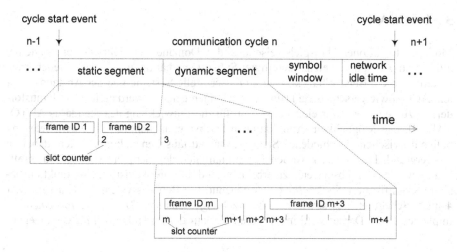

Abbildung 1 FlexRay – Kommunikationszyklus

Das statische Segment garantiert durch bekannte Länge der statischen Slots eine deterministische Datenübertragung innerhalb eines Steuergeräteverbundes. Dies ist wichtig für das Echtzeitverhalten verteilter Applikation und ermöglicht den Aufbau einfacher und zuverlässiger Regler [7]. Das dynamische Segment kann vorteilhaft für Botschaften mit ereignisgesteuerter Charakteristik genutzt werden. Hier erfolgt der Buszugriff mit Hilfe des Verfahrens *flexible TDMA*, welches auch als Mini-Slotting bezeichnet wird. Dabei wird der Slot Counter bei Framestart jeweils angehalten und der zugreifende Knoten beginnt mit seiner Datenübertragung [8]. Um einem bestimmten Knoten im dynamischen Segment eine Datenübertragung garantieren zu können, ist eine statische Zugriffsplanung erforderlich, deren Einhaltung von allen beteiligten Knoten in Eigenregie sichergestellt werden muss.

2.3 Globale und lokale Synchronisation

Da der Host Prozessor eines Steuergerätes im Normalfall über keine synchrone Datenanbindung zum Kommunikationscontroller verfügt, sondern über eine Speicheranbindung an den Hostcontroller gekoppelt ist, besteht zunächst keine Möglichkeit, lokale Applikationen gegen den Bus zu synchronisieren. Um dies trotzdem zu erreichen, wird das verfügbare Ereignis „Zyklusstart" des Kommunikationscontrollers genutzt. Dieses wird dem Host Prozessor bei jedem Beginn eines neuen Kommunikationszyklus per Interrupt signalisiert. Innerhalb der Interruptserviceroutine kann beispielsweise eine Scheduletable gegen den FlexRay-Bus synchronisiert werden.

Basis für den zeitgesteuerten Aufruf [4] von Applikationen ist die Existenz einer global gültigen Zeitbasis. Die lokal auftretenden Abweichungen durch Offsetverschiebung und Uhrendrift werden fehlertolerant während der Network Idle Time korrigiert. Dazu wird die Übertragungszeit versandter Frames von sogenannten Synchronisationsknoten vermessen und als Grundlage für die verteilte Uhrensynchronisation genutzt.

3 AUTOSAR

Moderne Funktionen, beispielsweise aus der Domäne der Fahrwerkregelsysteme, müssen aufgrund der Vielzahl beteiligter Subsysteme häufig auf mehrere Steuergeräte verteilt werden. Beispielhaft können an dieser Stelle Systeme wie der Abstandsassistent ACC sowie verschiedene Dämpferregelungen genannt werden. Dieser Herausforderung zu begegnen, war eine Motivation für die Entwicklung des Standards AUTOSAR [9]. Die Möglichkeit, Applikationen hardwareunabhängig [10] entwickeln und beliebig zwischen verschiedenen Steuergeräten austauschen zu können, steht dabei im Vordergrund. Desweiteren werden Funktionalitäten definiert, die von der Basissoftware bzw. des Betriebssystems zu erbringen sind. Für diese existiert eine funktionsbasierte Klassifikation, *Scalability Class* genannt. Ein Betriebssystem der Klasse 2 oder 4 muss Scheduletables sowie Zeitüberwachung – das sog. *"Timing Enforcement"* – implementieren. Darauf wird im weiteren Verlauf des Artikels noch näher eingegangen.

3.1 Hardwareabstraktion

Zentrales Element des AUTOSAR-Konzepts ist die Entkopplung applikativer Logik von zugrunde liegender Hardware. Das Prinzip des virtuellen funktionalen Busses (*Virtual Functional Bus, VFB*) stellt dabei eine übergreifende Abstraktionsschicht dar, die als alleinige Schnittstelle der Applikation für Systemaufrufe, Kommunikation und Ablaufplanung fungiert.

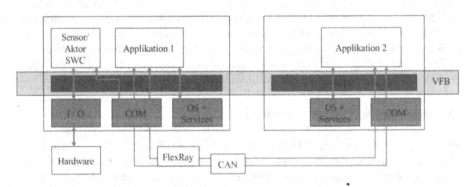

Abbildung 2 Austauschbarkeit von Softwarekomponenten

Auf Ebene eines Steuergeräts wird die Abstraktionsschicht von der Laufzeitumgebung (*Run-Time-Environment, RTE*) implementiert. Diese realisiert eine einfache und statisch konfigurierte Middleware für das Steuergerät. Zweck der RTE ist es, Applikationen die hardwarenahen Schichten der Software zu verbergen. Durch Verwendung dieser Abstraktionsschicht erreicht man eine Verschiebbarkeit zwischen Steuergeräten unterschiedlicher Hardwarearchitektur. Dieses Prinzip wird in Abbildung 2 verdeutlicht; die Verteilung der Applikationen 1 und 2 kann getauscht werden.

3.2 Kommunikation und Softwarestrukturierung

Die Kommunikation zwischen Anwendungen erfolgt unter Nutzung so genannter Kommunikationsports ohne Kenntnis des realen Signalpfades. Somit besteht die Möglichkeit, fahrzeugspezifische Funktionen zunächst ohne Kenntnis der im Zielsystem verwendeten Bustopologie zu entwickeln. Im späteren Entwicklungsablauf werden die tatsächlichen Signalpfade durch eine Zuordnung auf die Topologiespezifische Konfiguration festgelegt. Die Anwendungssoftware eines Steuergeräts ist in unabhängigen Einheiten, den so genannten Softwarekomponenten (*Software Components, SWC*), organisiert. Diese stellen das wichtigste Element zur Strukturierung der Softwarearchitektur dar. Eine solche Komponente versteckt die Implementierungsdetails und stellt definierte Schnittstellen zur Verfügung. Die Softwarekomponente kann als logischer Container aufgefasst werden (siehe Abbildung 3), während die *Runnable Entities* den ausführbaren Code enthalten. Sie werden auf konfigurierte Tasks des Betriebssystems gemappt und von diesem entsprechend der gewählten Ablaufplanung aufgerufen.

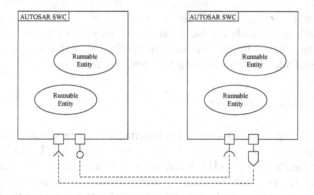

Abbildung 3 Struktur von Softwarekomponenten

Ziel ist es, dass jede Implementierung einer AUTOSAR-Softwarekomponente unabhängig von der Architektur des Mikrocontrollers ist. Um die Kommunikationsdienste der Basissoftware nutzen zu können, wird für jede SWC ein spezifisches Header-file generiert. Dieses enthält die Aufrufschnittstelle zwischen Applikation und der RTE in Form von Funktionsaufrufen.

3.3 AUTOSAR und zeitgesteuerte Anwendungen

Obwohl der aktuelle AUTOSAR-Standard keine integrierte Unterstützung für zeitgesteuerte Architekturen bietet, ist es möglich, diese mit den gegebenen Mitteln zu realisieren. Mit einer Scheduletable wird ein zyklisch wiederholter Ablaufplan beschrieben. Sie enthält sog. *Expiry Points*, die jeweils mit einer Zeit und einer auszuführenden Aktion verknüpft sind. Neben dem Starten von Tasks sind hier auch alternative Möglichkeiten wie das Versenden von Nachrichten, Synchronisation mittels Events oder das Inkrementieren von Countern möglich. Timing Enforcement stellt sicher, dass ein Task durch Überschreiten seiner erlaubten Laufzeit keine weiteren Verzöge-rungen im System verursacht. Überschreitet ein Task die ihm zugeteilte Laufzeit, so ist ein entsprechendes Fehlerhandling erforderlich. Abhängig vom Anwendungsfall kann dies ein Neustart des Knotens oder das Umschalten in einen anderen Betriebs-modus sein. Mit der statischen Planung aufzurufender Tasks, äquidistantem Eintreffen der definierten FlexRay-Ereignisse sowie der Zeitüberwachung ist eine deterministi-sche Planung und Vorhersage des zeitlichen Komponentenverhaltens möglich.

3.4 Einschränkungen

Wie bereits erwähnt, existieren derzeit in AUTOSAR keine Konzepte, um timing-relevante Attribute wie Verzögerungen, Deadlines oder verteilte Ausführungszeiten unter Berücksichtigung von Kommunikationsspezifika zu beschreiben. Dies er-schwert ein automatisiertes Scheduling auf Knotenebene. Das internationale For-schungsprojekt TIMMO [13], in dem OEMs wie Audi, Volkswagen und Volvo sowie Zulieferer und Tool-Hersteller vertreten sind, hat sich zum Ziel gesetzt, eine Infra-struktur für die Modellierung, Implementierung und Verifikation timing-relevanter Attribute zu etablieren. Speziell vor dem Hintergrund der erläuterten Komplexitätszu-nahme stellt sich immer mehr die Notwendigkeit einer solchen Methodik. Eine weite-re Einschränkung für die Integration mehrerer Funktionen auf einem Steuergerät [14] stellt die aktuell fehlende Unterstützung für Speicherschutz dar.

4 Entwicklungsumgebung

Die in den vorangegangen Abschnitten erläuterten Konzepte wurden im Rahmen ei-nes Vorserienprojektes im Hause Audi prototypisch umgesetzt. Dabei kamen Werk-zeuge zur Konfiguration des AUTOSAR-konformen Betriebssystems und des Flex-Ray-Stacks sowie zur Code-Generierung zum Einsatz. Abbildung 4 zeigt dabei die prinzipielle Struktur der Entwicklungsplattform. Insbesondere wurde für diese Umge-bung der FlexRay-Kommunikationsstack, der bereits im verwendeten Betriebssys-tempaket enthalten war, entfernt und durch die Entwicklung eines Entwicklungspart-ners ersetzt. Die konsequente Verwendung der AUTOSAR-Schnittstellen ermöglichte dabei eine Umstellung innerhalb kürzester Zeit.

Um Tests zu ermöglichen, existieren mehrere Prototypen-Steuergeräte, die durch Verwendung der AUTOSAR-Basissoftware in unterschiedlichen Vorserienprojekten eingesetzt werden können. Spezielle Sensor-Hardware wird durch *Complex Device Drivers* angesprochen - ebenfalls ein AUTOSAR-Konzept, das die Hardwareunab-hängigkeit adressiert und einen hohen Grad an Wiederverwendung ermöglicht. Wei-terhin lässt sich mit ihnen bestehende Software in AUTOSAR-konforme Systemarchi-tekturen migrieren.

Mit Hilfe der beschriebenen Entwicklungsumgebung besteht für Audi die Möglich-keit, die Serien- von der Prototypenentwicklung zeitlich und kausal weitgehend zu entkoppeln. Um eine konsistente Evolution des Frameworks sowohl unter dem tech-nischen als auch funktionalen Gesichtspunkt sicherzustellen, wird die Weiterentwick-lung federführend im Hause Audi durchgeführt.

4.1 Workflow

Ziel der verwendeten Entwicklungsumgebung ist es, dem Serienlieferant eine Referenzplattform zur Verfügung zu stellen, die eine schnelle Umsetzung von Funktionsmodellen in lauffähigen Code unterstützt. Ausgangspunkt ist die Modellierung der Softwarearchitektur, die im zentralen Daten-Repository hinterlegt wird. Diese wird als Instanz des AUTOSAR *Software Component Templates* angelegt, dessen Kernkonzepte in Abschnitt 3.2 erläutert wurden.

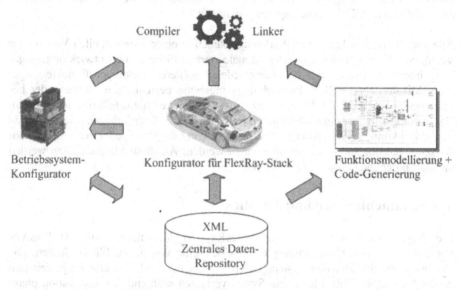

Abbildung 4 Aktuelle Entwicklungsumgebung

Ein weiteres Datenelement des zentralen Repositories – die Clusterbeschreibung des FlexRay-Netzwerkes – dient als Input für die Konfiguration des Kommunikationsstacks. Die Clusterbeschreibung wird gemeinsam mit der Softwarearchitektur als Input für die Betriebssystemkonfiguration verwendet. An dieser Stelle muss ein Systemintegrator tätig werden, da die Zuordnung der Kommunikationsmatrix zu den Schnittstellen der Softwarearchitektur nicht automatisch erfolgen kann.

Das derzeit eingesetzte Werkzeug zur Funktionsmodellierung nutzt ebenfalls die Softwarearchitektur als Eingangsgröße. Der integrierte Codegenerator liefert AUTOSAR-konforme Implementierungen der modellierten Softwarekomponenten. Eine modulare make-Umgebung ermöglicht die Erstellung von flashbaren Binärpaketen für unterschiedliche Hardwarearchitekturen und Bus-Topologien.

4.2 Aktuelle Toolentwicklungen

Um für künftige Herausforderungen komplexer Systeme gerüstet zu sein, bestehen Bestrebungen, die derzeitige Toolwelt zu erweitern. Es besteht die Notwendigkeit, ein Werkzeug zur Analyse und Optimierungsunterstützung für das Laufzeitverhalten implementierter Funktionen zu integrieren. Die Untersuchung von Jitter- und Interrupt-Lasten spielt dabei eine ebenso wichtige Rolle wie die optimale Ausge-staltung lokaler Ablaufpläne auf dem Steuergerät. Dazu gehört auch die Unterstützung einer zeit-synchronisierten Taskmodellierung, wie sie bereits beschrieben wurde.

Momentan wird zudem die Entwicklung des zentralen Datenrepositories vorangetrieben. Dies lässt sich mit einem Werkzeug zur Beschreibung von Softwarearchitekturen verknüpfen. Da vom gleichen Hersteller bereits die Tools für Codegenerierung und Funktionsmodellierung stammen, wird auch an dieser Stelle die Kompatibilität und damit Effizienz im Entwicklungsprozess gefestigt.

Alle vorstehend beschriebenen Werkzeuge stehen in einer ersten stabilen Version zur Verfügung. Im Laufe der folgenden Monate werden diese in die Entwicklungsumgebung integriert und im Rahmen verschiedener weiterer Prototypen-Projekte eingesetzt. Mit der vorgestellten Entwicklungsumgebung besteht unter Nutzung der beschriebenen Konzepte die Möglichkeit, softwarebasierte Alleinstellungsmerkmale im Hause Audi selbst zu entwickeln und durch Tier-1 Zulieferer industrialisieren zu lassen. Dabei können SWC als Blackbox in Form von Objektcode oder auch in Quellcode bzw. Funktionsmodellen weitergegeben werden. All diese Möglichkeiten werden im angesprochenen Projekt aktiv genutzt.

5 Zusammenfassung und Ausblick

Die Verwendung des Bussystems FlexRay in Verbindung mit AUTOSAR-Betriebssystem und Basissoftware bietet eine Reihe von neuen Möglichkeiten. Die Verfügbarkeit der globalen Systemzeit ermöglicht den Aufbau einer zeitgesteuerten Architektur. Bei dieser bleibt das Systemverhalten während der Integrationsphase stabil [12] und bedingt damit nur minimalen Integrationsaufwand für den OEM. Die Integration von Timing-Anforderungen in eine AUTOSAR-konforme Softwarearchitektur lässt sich durch Nutzung des FlexRay-Busses erheblich vereinfachen. Damit wird die Beherrschung der eingangs erwähnten Komplexität möglich.

Die zugrunde gelegte Softwarearchitektur, die dem AUTOSAR-Standard folgt, ermöglicht eine rein softwarebasierte Entwicklung von Fahrzeugfunktionen. Diese kann nahezu vollständig von parallel laufenden Entwicklungsprozessen für Hardware, Vernetzungsarchitektur etc. abgekoppelt – trotzdem jedoch sehr schnell ins Fahrzeug integriert werden.

Da die verfügbaren Werkzeuge den Standard noch nicht vollständig unterstützen, existieren derzeit noch einige Inkompatibilitäten zwischen diesen Tools. Mit den derzeit verfügbaren Möglichkeiten besteht jedoch bereits heute die Chance, deterministische Softwarearchitekturen im Automobil zu verwenden.

Eine umfassende Betrachtung des System- und Knoten-Timings ist aufgrund fehlender Konzepte im Standard derzeit noch nicht möglich. Diese Punkte bringen auch in Zukunft noch Handlungsbedarf mit sich, den Projekte wie TIMMO aufzufangen versuchen. Trotzdem bietet sich mit AUTOSAR die grundlegend neue Möglichkeit, Softwaremodule und –funktionen hardwareunabhängig zu entwickeln und damit eine breite "Bibliothek" an automobilen Funktionen entstehen zu lassen. Die Stabilisierung der Spezifikation, die mit der aktuellen Version 2.1 Einzug halten wird, liefert dazu eine wichtige Grundvoraussetzung.

Literatur

1. Reif K: Automobilelektronik: Eine Einführung für Ingenieure, aus der Reihe: ATZ-MTZ Fachbuch; 2., überarbeitete und erweiterte Auflage, Vieweg, Wiesbaden, 2007
2. Hietl H, Kötz J, Linn G: Bereit für FlexRay. FlexRay-Serieneinführung bei Audi. Elektronik automotive, vol. 1: S. 32-36, 2007
3. Schröder-Preikschat W, Automotive Betriebssysteme, Proc. of PEARL Workshop über eingebettete Systeme, 2004
4. Kopetz H, Braun M, Ebner C, et al.: The Design of Large Real-Time Systems: The Time-Triggered Approach. Proc. of the 16th Real-Time Systems Symposium. Pisa, Italy, 1995
5. Grießbach R, Berwanger J, Peller M: Byteflight – Neues Hochleistungs-Datenbussystem für sicherheitsrelevante Anwendungen. ATZ, special edition "Automotive Electronics", S. 60-67, 2000
6. BMW AG, DaimlerChrysler AG: FlexRay für verteilte Anwendungen im Fahrzeug, Elektronik automotive, vol. 5, S. 40-43, 2001
7. Zhang W, Branicky W, Phillips S: Stability of Networked Control Systems, IEEE Control Systems Magazine, S. 84-99, 2001
8. FlexRay protocol specification, version 2.1, Rev. A, http://www.flexray.com, 2007
9. AUTOSAR Standard Specification, version 2.1, http://www.autosar.org, 2007
10. Hoffmeister K: AUTOSAR-Entwicklung leicht gemacht. Elektronik automotive, vol. 1, 2006
11. Poledna S, Kroiss G: The Time-Triggered Communication Protocol TTP/C, Real-Time Magazine, vol. 4, S. 98-102, 1998
12. Weich C, Plankensteiner M: Zeitgesteuerte Architektur, ElektronikPraxis, vol. 23, S. 30-32, 2005
13. Timing Model: http://www.c-lab.de/en/research-projects/timmo/index.html
14. Eberhard D, Grosshauser F: Encapsulation of software-modules of safety-critical systems. Safety-critical systems, 2007

Echtzeitsystem für einen zweibeinigen Roboter mit adaptiver Bahnplanung

M. Seebode und W. Gerth

Institut für Regelungstechnik, Leibniz Universität Hannover,
Appelstr. 11, 30167 Hannover, http://www.irt.uni-hannover.de,
Tel. 0511/762-4518, {seebode, gerth}@irt.uni-hannover.de

Zusammenfassung. Zweibeinige Roboter benötigen intelligente Regelungen und reaktive Bahnplanungsverfahren, um die Vorteile der zweibeinigen Fortbewegung voll ausnutzen zu können. Voraussetzung für die Umsetzung ist eine Prozessorplattform mit genügend Rechenleistung und einem echtzeitfähigen Betriebssystem.
Dieser Beitrag stellt das Echtzeitsystem der Laufmaschine LISA vor. In dieser ermöglicht eine speziell entwickelte Leiterkarte den Betrieb leistungsfähiger Prozessor-PMC-Module auf kompaktem Raum. Auf der Basis programmierbarer Logik und frei verfügbarer Verhaltensmodelle (OpenCores) erfolgt die Anbindung an den PCI-Bus und die aktive Nachrichtenverarbeitung für den CAN-Bus mittels OpenRISC-CPU.

1 Einleitung

Seit über 30 Jahren arbeiten Forschungseinrichtungen weltweit an der Entwicklung von Servicerobotern. Im Gegensatz zu industriellen Robotern, die ihren Einsatz in wohl strukturierten Fertigungsumgebungen finden, sollen Serviceroboter mobil sein und im menschlichen, meist unbekannten Umfeld agieren können. Diese Anforderungen erfüllen zweibeinige Laufmaschinen prinzipiell besser als beispielsweise radgebundene Systeme, deren Einsatzgebiet starken Einschränkungen unterliegt. Die technische Realisierung der zweibeinigen Fortbewegung ist dagegen deutlich schwieriger und gelingt in den meisten Fällen nur mit geeigneten Regelungskonzepten zur Stabilisierung. Dennoch haben inzwischen zahlreiche Demonstrationen gezeigt, wie sich Roboter sicher und agil auf zwei Beinen bewegen können. Die Forschung konzentriert sich daher zunehmend auf die effiziente Erzeugung von Gangtrajektorien zur Laufzeit und die Erweiterung der Regelungsstrategien, die sich bisher meist nur zur Korrektur kleiner Gleichgewichtsstörungen eignen.

Die Bahnplanung zweibeiniger Roboter muss zur Laufzeit neue Trajektorien erzeugen können, da praktisch noch keine derart intelligenten Regelgesetze bekannt sind, die einen Zweibeiner aus jeder denkbaren Situation in einen gewünschten Zielzustand überführen. Eine adaptive Bahnplanung sollte beispielsweise geeignete Ausfallschritte zur Sturzvermeidung erzeugen und kurzfristig Ausweichbewegungen um Hindernisse berechnen können. Sorgt die Bahnplanung für einen fließenden Übergang zwischen verschiedenen Gangarten, wird ein rasches Einlenken auf neue Zielvorgaben ohne Zwischenstopp möglich. Dies kann durch Adaption vorausberechneter Gangmuster oder durch eine Neuberechnung anhand von angelerntem Wissen oder eines dynamischen Modells geschehen. Die verfügbare Rechenleistung stellt dabei ein begrenzendes Kriterium dar.

Neben der Rechenleistung sind Stromverbrauch und Kompaktheit wesentliche Kriterien für die Auswahl der Bordelektronik, um einen langen autonomen Betrieb des Roboters zu erreichen. Die Anforderungen ähneln damit denen tragbarer Computer, enthalten aber noch den wichtigen Aspekt der Echtzeitfähigkeit und die damit verbundene direkte Ankopplung an die Roboterperipherie.

Zur Erprobung neuer Regelungsverfahren entwickelt das Institut für Regelungstechnik zweibeinige Roboter, wie die Laufmaschine LISA (s. Abb. 1). Damit LISA mit den genannten Anforderungen mithalten kann, wurde die Hardware des Roboters um eine Leiterkarte zur Aufnahme eines Prozessormoduls erweitert. Um die Aufgaben dieses Moduls und dessen Eingliederung in das Gesamtsystem aus Aktoren und Sensoren zu verdeutlichen, wird im Folgenden der Roboter zusammen mit einem Ansatz zur reaktiven Bahnplanung vorgestellt. Im Anschluss daran erläutert dieser Artikel die Leiterkarte mit Prozessormodul und FPGA.

2 Die zweibeinige, autonome Laufmaschine LISA

LISA (Legged Intelligent Service Agent) ist im Rahmen der Dissertation [1] entstanden und verfügt über zwölf aktive Freiheitsgrade. Der Roboter hat vorerst keinen beweglichen Oberkörper, da zunächst Verfahren erforscht werden sollen, die nicht auf stabilisierende Pendelmassen im Oberkörper angewiesen sind. Schließlich sollen sich zweibeinige Roboter auch dann noch stabil bewegen, wenn arbeitsverrichtende Aufbauten auf dem Oberkörper nicht zur Gleichgewichtsregelung herangezogen werden können.

Die Antriebe von LISA bestehen jeweils aus einem Gleichstrommotor mit einem Inkrementalgeber als Winkelencoder und einem untersetzenden Harmonic Drive Getriebe. Jedes Bein besitzt zwei rotatorische Freiheitsgrade in einem kardanischen Fußgelenk, ein Drehgelenk im Knie und eine kugelgelenkähnliche Hüfte mit drei rotatorischen Freiheitsgraden. Das Hüftgelenk ist parallelkinematisch ausgeführt [2]. Auf diese Weise lassen sich die Hüftmotoren fest mit dem Torso verbinden und sind so geringeren Beschleunigungen ausgesetzt, als bei einer vergleichbaren kardanischen Hüfte. Der Torso bewegt sich im Gegensatz zu den Beinen überwiegend gleichförmig. Die Beine sind außerdem sehr leicht und erhalten mit dieser Konstruktion annähernd den Arbeitsraum eines menschlichen Beins.

Die Robotersensorik besteht neben den inkrementellen Winkelgebern und Stromsensoren der Servoregelung aus einer inertialen Messeinheit (IMU) im Torso und zwei Kraft-/Momentensensoren in den Füßen. Die IMU misst die Torsobewegung anhand von sechs Drehraten- und sechs Beschleunigungssensoren. Die Fusion der redundanten Sensordaten und die Umrechnung in die Torsoneigung erfolgen bereits in der IMU mit dem Mikrocontroller MPC555 als Einzelchipsystem [3]. Die Reaktionskraft und das Reaktionsmoment zwischen Fuß und Boden

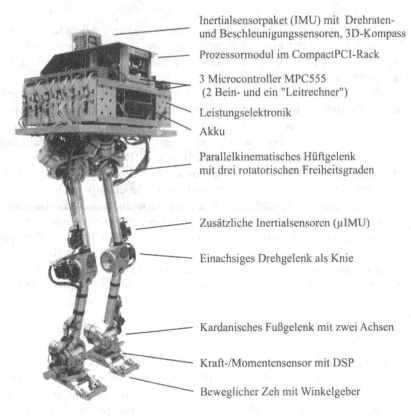

Inertialsensorpaket (IMU) mit Drehraten-
und Beschleunigungssensoren, 3D-Kompass

Prozessormodul im CompactPCI-Rack

3 Microcontroller MPC555
(2 Bein- und ein "Leitrechner")

Leistungselektronik

Akku

Parallelkinematisches Hüftgelenk
mit drei rotatorischen Freiheitsgraden

Zusätzliche Inertialsensoren (μIMU)

Einachsiges Drehgelenk als Knie

Kardanisches Fußgelenk mit zwei Achsen

Kraft-/Momentensensor mit DSP

Beweglicher Zeh mit Winkelgeber

Abb. 1. Zweibeinige Laufmaschine LISA. Gewicht mit Akku ≈ 38 Kg, Größe 140 cm.

werden über acht Dehnungsmessstreifen erfasst, die direkt an der Aluminium-
struktur des Fußes kleben [4]. Nach der Signalaufbereitung rechnet ein DSP vom
Typ 56F805 die acht Abtastwerte vor Ort in die sechs Kraft-/Momentenwerte
um.

Für die Positionsregelung der Achsen ist je Bein ein Mikrocontroller vom
Typ MPC555 vorgesehen, der eine PowerPC-basierte 32-Bit CPU mit 64-Bit
Gleitkommaeinheit (FPU) besitzt. Der MPC555 hat sich bereits beim Vorgänger
von LISA, dem Zweibeiner BARt-UH [5] zur Regelung der sechs Antriebsachsen
bewährt. Neben dem Einlesen der Inkrementalgeber, dem Abtasten der Stromsensoren und der PWM-Ansteuerung der Leistungselektronik liegt die Aufgabe
dieses „Beincontrollers" in der Umrechnung der kinematischen Beziehungen. Die
Umrechnung der Sollposition des Fußes in die Gelenkwinkel oder der Istwinkel
in die Istposition benötigt mit 40 MHz jeweils weniger als 100 μs.

Abb. 2 gibt eine Übersicht über die verwendeten Rechner und ihre Vernetzung mit der Sensorik. Der zentrale MPC555 übernimmt Hilfsfunktionen (Display, Tastatur) und berechnet die Fußkoordinaten entsprechend der aktuell auszuführenden Trajektorie, sofern nicht das neue Prozessormodul die Trajektorie

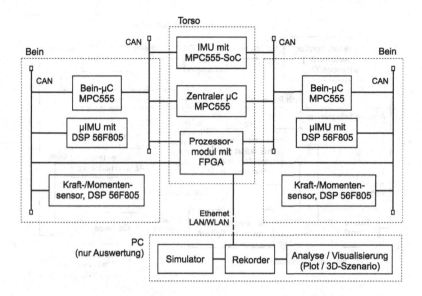

Abb. 2. Übersicht über die Rechnerstruktur mit CAN-Bus-Anbindung.

vorgibt. Die Koordinaten werden im Takt der Servoregler alle 10 ms über zwei CAN-Bus-Stränge an die Beincontroller übermittelt.

Die Robotersoftware verwendet das Echtzeitbetriebssystem RTOS-UH [6] und gliedert sich auf allen Systemen grob in die zyklisch eingeplanten Tasks zur Regelung, in asynchrone Tasks zur Ereignisbehandlung und in eine nieder-priore „Hintergrund-Task". Letztere übernimmt zeitlich unkritische Aufgaben, wie z.B. die Überwachung der langsam veränderlichen Motortemperaturen. Die asynchronen Tasks sind auf Status- und Fehlermeldungen sowie auf Kommandos der anderen Controller, wie z.B. die Umschaltung von Reglerparametern beim Standbeinwechsel, eingeplant.

3 Ansatz zur adaptiven Bahnplanung

Die Koordination der Robotergelenke lässt sich für die Bewegung auf zwei Beinen in die Teilsysteme Gleichgewichtsregelung und Bahnplanung unterteilen. Aufgabe der Bahnplanung ist die Vorgabe geeigneter Positionen, Geschwindigkeiten und Beschleunigungen der Füße relativ zum Torso, so dass der Torso sein vorgegebenes Ziel erreicht. Die direkte Ausführung der geplanten Gangtrajektorien führt jedoch nur bei Robotern mit idealen Servoregelungen ohne Regelabweichungen und auf idealem Untergrund (gemäß Planung) zu einem stabilen Gang.

Damit LISA robust laufen kann, muss der Servoregelung eine zentrale Gleichgewichtsregelung überlagert werden, die Haltungsfehler anhand der IMU- und Kraft-/Momenten-Daten korrigiert. Ein verbreiteter Ansatz dafür besteht in der Regelung des Zero-Moment-Points (ZMP). Der ZMP ist der Punkt auf dem Boden, in dem das resultierende Reaktionsmoment zwischen Roboter und Boden

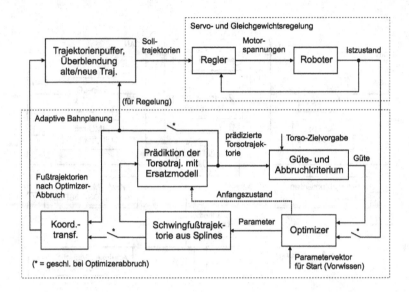

Abb. 3. Erzeugung von Gangmustern mittels Parameteroptimierung.

(vereinfachend) Null ist. Treten keine Beschleunigungen auf, entspricht der ZMP der Projektion des Schwerpunktes auf den Boden. Ist sichergestellt, dass sich der ZMP stets innerhalb der Aufstandsfläche befindet, erfährt der Roboter kein Drehmoment, das ihn umkippen könnte. Der über die Kraft-/Momentensensoren messbare ZMP wird daher herangezogen, um zur Stabilisierung geeignete Abweichungen von der geplanten Trajektorie zu bestimmen.

Bei größeren Störungen kommt es vor, dass der ZMP über den Rand der Aufstandsfläche hinaus verschwindet. Die ZMP-basierte Regelung wird dann zunehmend schwieriger und es erscheint zweckmäßig, neue Trajektorien unter Berücksichtigung des aktuellen Roboterzustands zu planen. Ein mögliches Verfahren dafür beschreibt Abb. 3.

Grundlage des Verfahrens ist ein Ersatzmodell des Roboters. Zu diesem gelangt man mit der Überlegung, dass der ZMP dann innerhalb der Standfußfläche bleibt, wenn die Drehmomente zwischen Standfuß und Boden genügend klein bleiben. Um diese Momente bereits in der Bahnplanung zu nullen, wird für das Fußgelenk ein passives Kugelgelenk angenommen. Mit der Annahme, alle Robotermassen seien in einem Punkt konzentriert, ergibt sich als Ersatzmodell ein um das Fußgelenk drehbares, inverses Pendel. Das Standbein wird ein masseloser Stab. Um den Einfluss des schwingenden Beins zu berücksichtigen, wird das Modell um eine zweite Punktmasse im Schwerpunkt des Schwingbeins erweitert.

Die Bahnplanung basiert nun darauf, die Schwingfußbewegung vorzugeben und mittels Parameteroptimierung so zu variieren, dass sich der Torso seiner Zielposition und -geschwindigkeit für den nächsten Schritt möglichst gut annähert [7]. Dabei wird die Trajektorie des Torsos (der Pendelspitze) in jedem Optimierungsschritt vom Istzustand über einen Zeithorizont von zwei Schritten vorausberechnet. Nach dem Erreichen des Optimierungsziels werden die Trajektorien für die Regelung in einem Zwischenpuffer abgelegt. Danach holt sich die in einer niederprioren Task laufende Optimierung den aktuellen Zustand und beginnt erneut.

Um den Rechenaufwand gering zu halten, muss die Auswahl an zu optimierenden Parametern klein und zugleich so gewählt sein, dass sich der Torso damit gut beeinflussen lässt. Für eine flexible Bahnplanung sollte die Optimierung dagegen viele Freiheitsgrade haben. Eine zu große Berechnungsdauer geht auf Kosten der Reaktivität, da der Istzustand dann nur noch selten in die Bahnplanung eingehen kann. Nach [7] eignen sich besonders die Zielposition des Schwingfußes und ein zusätzliches Moment im Standfußgelenk, was dem Sollwert der ZMP-Regelung entspricht. In der Simulation kann das Verfahren damit bereits größere Störungen mit Ausfallschritten kompensieren. Die Neuberechnung der Trajektorie erfolgt dabei fünf mal pro Schritt. Bei einer Schrittzeit von 1.2 s dauert eine Neuberechnung mit drei Optimierungszyklen 80 bis 150 ms auf einem modernen PC. Die praktische Umsetzung des Verfahrens mit einem leistungsfähigen Prozessor auf dem Roboter scheint daher möglich zu sein.

4 Prozessrechner für autonome Roboter

Als Rechnerplattform für LISA wurde ein Prozessormodul im Prozessor-PMC-Format (PCI Mezzanine Card) gewählt, das auf einer speziell entwickelten Trägerkarte zum Einsatz kommt. Im Gegensatz zu vielen embedded Systemen mit proprietären Schnittstellen ist das Prozessormodul im genormten PMC-Formfaktor (149 mm × 74 mm) trotz seiner Kompaktheit herstellerübergreifend austauschbar. Die Rechenleistung ist somit ohne Neuentwicklung der Trägerkarte skalierbar. Gegenwärtig sind Prozessor-PMC-Module (PrPMC) mit ein oder zwei CPUs und mit Taktraten bis zu 1, 6 GHz auf Intel- oder PowerPC-Basis verfügbar. Für LISA wurde ein Modul mit nur einer CPU vom Typ MPC7447A von Freescale mit 1 GHz und 512 MB DDR-RAM gewählt. Die MPC7447A ist eine superskalare RISC-CPU aus der 32-Bit PowerPC-Familie und besitzt einen 512KB-L2-Cache sowie eine 128-Bit Vektoreinheit (AltiVec). Die CPU ist mit 133 MHz an einen Systemcontroller angebunden, der neben dem PCI-Bus über zwei Gigabit-Ethernet- und zwei serielle Schnittstellen, einen I^2C-Bus und einige programmierbare I/O-Leitungen verfügt.

PrPMC-Module finden ihren Einsatz normalerweise auf Trägerkarten mit sechs Höheneinheiten in 19-Zoll-Baugruppenträgern (233 mm × 160 mm). Da keine kleineren erhältlich sind, wurde eine Leiterkarte mit drei Höheneinheiten entwickelt, die zugleich die für den Roboter notwendigen CAN-Schnittstellen enthält. Abb. 4 zeigt die Struktur der Karte mit Modul. Für den Betrieb des PrPMC muss die Trägerkarte die Resetlogik, sowie den Takt und die Arbitrierung des PCI-Bus bereitstellen. Der Arbiter ist normalerweise eine Teilfunktion eines Mainboard-Chipsatzes und separat kaum erhältlich. Er ist hier in dem FPGA untergebracht, über das auch die Kopplung zwischen PCI-Bus und Roboter-I/O erfolgt. Das CAN-Protokoll ist auf vier preiswerte CAN-SPI-Umsetzer vom Typ MCP2515 ausgelagert.

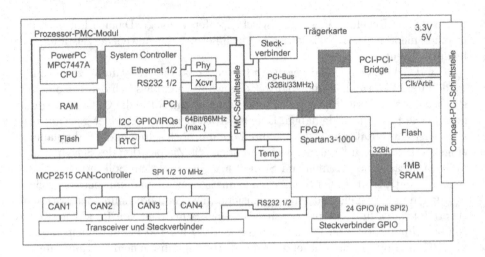

Abb. 4. Schema der Trägerkarte mit Prozessor-PMC-Modul und FPGA.

Eine PCI-PCI-Bridge ermöglicht den Betrieb weiterer I/O-Karten am externen Compact-PCI-Bus. Die Karte lässt sich mit bzw. ohne PrPMC-Modul auch für den Betrieb als sekundäre Prozessorkarte bzw. reine I/O-Karte jumpern. Sie ist dadurch universell in anderen Roboterprojekten und Experimenten einsetzbar. Die Bridge muss aber stets von der PrPMC-/FPGA-Seite konfiguriert werden.

Der Robotersoftware genügen die 64 MB Flash-Speicher des Moduls als 'Festplatten-Laufwerk'. Das Echtzeitbetriebssystem RTOS-UH läuft auf der CPU mit einem Zeitatom von 50 μs und benötigt bei laufender Regelung mit 53 Tasks zwischen 130 und 550 ns für einen Kontextwechsel. Die mit dem Performance-Monitor der CPU gemessene Zeit beinhaltet die Auswahl der neuen laufenden Task und das Speichern und Laden der Allzweck- und FPU-Register. Zur Bestimmung der Reaktionszeit wurde ab dem Auslösen eines Interrupts durch eine GPIO-Leitung am Systemcontroller bis zum Fortsetzen einer wartenden Task $1,8\,\mu s$ gemessen. Ein wesentlicher Anteil entfällt hierbei auf das Auslesen und Quittieren der Interruptquelle im Systemcontroller. Setzt man die Quelle über den PCI-Bus im FPGA zurück, steigt die Zeit auf $3,3\,\mu s$ an.

Die AltiVec-Einheit ist ein SIMD-Rechenwerk (Single Instruction Multiple Data) und führt eine logische oder arithmetische Operation für mehrere Daten gleichzeitig aus. Dazu werden bspw. vier 32-Bit Integer- oder Fließkommaoperanden zusammengefasst und in eines der 32 verfügbaren Vektorregister geladen. Eine Vektorrechnung mit 64-Bit Fließkommazahlen ist zwar nicht möglich; für die Rechenaufgaben des Roboters ist der Einsatz der Vektoreinheit trotzdem sehr passend. Nachteilig ist nur der höhere Programmieraufwand für die Nutzung der AltiVec-Einheit. Bei den gängigen Compilern befindet sich die Autovektorisierung, mit der mathematische Ausdrücke automatisch auf SIMD-Einheiten umsetzbar sein sollen, noch im frühen Entwicklungsstadium. Um die Vorteile gegenüber dem Mehraufwand zu überprüfen, wurden die Rechenzeiten der AltiVec- und der Gleitkommaeinheit für eine 4×4-Matrixmultiplikation in 32-Bit Präzision verglichen. Für eine entsprechende C-Routine (ohne Schleifen) benötigt die FPU 260 ns und der äquivalente AltiVec-C-Code nur 31 ns. Optimiert man die Routinen in Assembler so, dass das Pipelining der FPU und die parallele AltiVec-Struktur möglichst gut genutzt werden, erhält man für die FPU 189 ns und für die AltiVec 26 ns. Die Vektoreinheit empfiehlt sich mit diesem Ergebnis als wertvolle Ressource für den Roboter.

5 FPGA zur Prozessankopplung

Abb. 5 zeigt die Logik innerhalb des FPGA für den Betrieb im Roboter. Das FPGA ist vom Typ Xilinx Spartan3-1000-FT256, besitzt 173 I/O-Leitungen und kostet ca. 30 EUR. Mit Ausnahme der zentralen Reset-, Takt- und Verbindungslogik sowie der Blöcke Control, FQD und dem SRAM-Interface sind alle Controllerkerne den freien Quellen der OpenCores-Website [8] entnommen. Eine Vielzahl der dort bereitgestellten Kerne kommuniziert über sogenannte Wishbone-Schnittstellen, die den Datenaustausch parallel über Address-, Daten- und Steuerleitungen mit sehr einfachem Handshake-Protokoll regeln. Ihre Spezifikation findet sich ebenfalls unter [8].

Die PCI-Wishbone-Bridge blendet die Register der Controller und das SRAM in den Speicherbereich des PrPMC ein. Ein Zugriff von einem Wishbone-Master auf den Speicher des PrPMC (DMA) ist ebenfalls möglich und für den Datentransfer vom FPGA ins PrPMC auch zu bevorzugen, da die Bridge PCI-Lesezugriffe nur sehr langsam beantwortet. Das System ist ohne Wishbone-Burst-Logik zwar nicht für schnellen Datentransfer optimiert, die Bridge schreibt mit 27 MB/s dennoch relativ schnell von der PCI-Seite in das FPGA. Bei Lesezugriffen erreicht sie nur 5 MB/s, da sie PCI-Anfragen vorerst mit Wiederholungsaufforderungen an den Master abbricht, um zwischenzeitlich die Daten auf der Wishbone-Seite abzufragen. Die asynchrone Bridge kann auf diese Weise mit sehr langsamen Wishbone-Slaves operieren, was für das vorliegende Wishbone-System mit 40 MHz-Takt und schnellen Slaves eher unpassend ist.

Für die Kommunikation mit den CAN-Controllern sind die zwei seriellen Schnittstellen SPI 1 und 2 mit einer maximalen Datenwortlänge von 128 Bit vorgesehen. Die Sendepuffer der MCP2515 lassen sich so mit einem einzigen SPI-Auftrag laden. Für den Empfang werden zunächst nur CAN-ID und -Länge und in einem zweiten Schritt die Daten gelesen, um die Übertragung unnötiger Bytes bei kurzen oder ungewollten Nachrichten über die SPI zu vermeiden. Zugleich ist der 'Overhead' zur Steuerung eines MCP2515 so gering, dass der Betrieb von zwei Controllern an einer SPI mit 10 MHz bei maximaler Auslastung der CAN-Busse möglich wird. Diese sind mit 1 MBit/s zwar durchschnittlich nur zu 40% gefüllt, erreichen aber aufgrund einer zum Reglertakt synchronen und gebündelten Übermittlung mehrerer Nachrichten kurzfristig volle Auslastung.

Neben der Bridge und den Controllern füllt eine 32-Bit CPU den übrigen Platz im FPGA. Diese übernimmt die CAN-Kommunikation über SPI und ent-

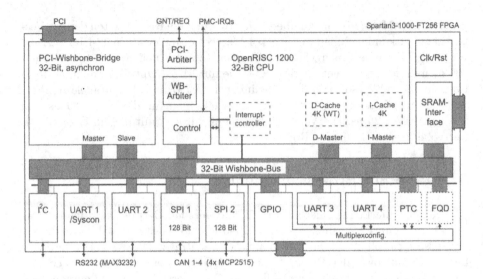

Abb. 5. Struktur der Logik im FPGA mit OpenCores nach Wishbone-Spezifikation.

lastet damit das PrPMC-Modul. Der verwendete OpenRISC-Kern ist ein skalarer Prozessor mit 5-stufiger Pipeline und vielen Optionen, wie z.B. Hardware-Debugging, Power-Management und Memory Management Unit. Aus Platzgründen sind hier nur das Rechenwerk mit 32 Allzweckregistern, der Interruptcontroller, ein Instruktions- und ein Datencache implementiert. Letztere erhöhen den Platzbedarf nur gering, denn das FPGA verfügt über genügend in Hardware realisiertes RAM (BlockRAM). Da CPU und SRAM mit dem gleichen Takt arbeiten, erscheint ein Cache auf den ersten Blick sinnlos. Das System läuft damit jedoch ungefähr viermal so schnell, da sich Instruktions- und Datenzugriffe über den zentralen Bus seltener im Wege stehen.

Der Control-Block enthält u.a. Register für die Steuerung der OpenRISC-CPU, um diese z.B. unterbrechen zu können, wenn das OpenRISC-Programm über PCI in das SRAM geladen wird. Die vier UART-Controller sind dazu gedacht, die RTOS-UH-Konsolen der MPC555 über die Ethernetschnittstelle des PrPMC und über einen WLAN-Router auf einen PC umzuleiten. Die Module PTC und FQD enthalten Timer und Zähler für PWM-Signale und zum Auslesen eines Inkrementalgebers. Sie sind nur für Testzwecke implementiert.

6   Ergebnisse und Ausblick

Der Ansatz nach Abschn. 3 wurde bereits vom Simulator auf das PrPMC-Modul im Roboter übertragen. Die Berechnung einer neuen Trajektorie dauert dort im Schnitt nur 50 ms länger (insgesamt 120 bis 200 ms) als beim 3 GHz-Simulations-PC unter Windows. Da die Robotersoftware die AltiVec-Einheit noch nicht nutzt, ist zusätzlich noch Optimierungspotenzial vorhanden. Dieses überraschend gute Ergebnis ist wahrscheinlich auf die unterschiedlichen Compiler auf beiden Systemen zurückzuführen und daher weniger als Vergleich der Rechenleistung zu verstehen. Das Ergebnis zeigt aber, dass sich modellprädiktive Ansätze zur reaktiven Bahnplanung praktisch umsetzen lassen.

Für die vollständige Umsetzung des Verfahrens wird zurzeit die Gleichgewichtsregelung des Roboters entwickelt. Aktuelle Laufexperimente mit LISA sind in Form von Videos auf den Internetseiten des IRT [9] dokumentiert.

Der dargestellte Ansatz war ursprünglich nur für Untersuchungen in der Simulation gedacht, die den Einfluss der Schwingfußparameter auf den Torsoverlauf aufzeigen sollten. Zur Laufzeit sollte die Optimierung den Istzustand nicht nur zu Beginn sondern zu jedem Iterationszyklus neu aufnehmen und so in Richtung modellprädiktiver Regelung erweitert werden. Beschränkt man sich bei der adaptiven Bahnplanung auf sehr einfache Schwingfußtrajektorien, lässt sich das Torsoverhalten analytisch berechnen und der Rechenaufwand stark einkürzen.

Die Lösung aus PrPMC-Modul und Trägerkarte hat ihren Einsatz in weiteren Projekten gefunden. Sie dient z.b. als Rechnerplattform für den Roboter BARt, dessen zweibeinige Plattform um einen beweglichen Oberkörper mit aktuierten Armen und ein Bauchgelenk erweitert wurde. BARt kann sich damit am Boden liegend selbständig in die Standposition aufrichten.

7 Literatur

1. Hofschulte, J.: Zweibeiniger Roboter mit parallelkinematischen Hüftgelenken. Dissertation. Books on Demand GmbH, Norderstedt, 2006.
2. Hofschulte, J.; Seebode, M.; Gerth, W.: Parallel manipulator hip joint for a bipedal robot. 7th Intl. Conf. on Climbing and Walking Robots (CLAWAR), Proceedings, S. 601–609. Springer, Berlin, 2003.
3. Strasser, R.; Seebode, M.; Albert, A.; Gerth, W.: Extrem kompaktes SoC-Konzept eines Gleichgewichtorgans für einen Laufroboter. Informatik aktuell: Verteilte Echtzeitsysteme, PEARL 2003: S. 49-58. Springer, Berlin, 2003.
4. Gerecke, M.; Hofschulte, J.; Gerth, W.: Realization of a Lightweight Sensory Foot for a Bipedal Robot. 6th Intl. Conf. on Climbing and Walking Robots (CLAWAR), Proceedings, S. 895–902. Springer, Berlin, 2003.
5. Albert, A.; Gerth, W.; Hofschulte, J.; Schermeier, O.: Echtzeitsystem für einen zweibeinigen Roboter. Informatik aktuell. PEARL 1999: S. 69–78. Springer, Berlin, 1999.
6. RTOS-UH. Echtzeitbetriebssystem für die Automatisierungstechnik. http://www.irt.uni-hannover.de/rtos. Stand 2007.
7. Baruschka, L.: Onlineplanung und Regelung dynamisch stabiler Gangtrajektorien für einen zweibeinigen autonomen Roboter. Inst. für Regelungstechnik, Leibniz Universität Hannover (unveröffentlicht), 2006.
8. OpenCores-Website. http://www.opencores.org . Quelldateien und Wishbone-Spezifikation. Stand 2006.
9. Videos zu LISA und BARt. http://www.biped.irt.uni-hannover.de .

Effizientes und ausfallsicheres Management von Wetterdaten für den Flugbetrieb

Ronny Pretzsch[1], Angelika Römer[1] und Robert Baumgartl[2]

[1] Deutsche Flugsic herungGmbH, Am DFS-Campus 10, D-63225 Langen
vorname.name@dfs.de
[2] Fakultät für Informatik, TU Chemnitz, D-09107 Chemnitz
robert.baumgartl@cs.tu-chemnitz.de

Zusammenfassung. Für einen reibungslosen Ablauf des zivilen Flugverkehrs sind präzise Informationen üb er dasWetter notwendig. Landebahn- und flugplatzspezifisc he Wetterparameter werden durch Sensorik der Flugplätze, üb erregionaleDaten durch den Deutschen Wetterdienst generiert. Die Deutsche Flugsic herungbetreibt zur Sp eicherungund Verteilung dieser Informationen das so genannte Informationsdatenverarb eitungssystem (ID VS).
Bislang wurde das ID VSmit hohen Investitions- und Betriebskosten lokal an jedem Towerstandort im Bundesgebiet betrieb en. ZurSenkung der Kosten wurde daher eine teilzen tralisierte Alternativlösung, die *ID VS Server Farm* e ntwickelt und implementiert, die in der vorliegenden Studie erläutert und bewertet wird.

1 Das Informationsdatensystem der DFS

1.1 Funktionsumfang

Das Informationsdatensystem (ID VS)wird an Flughäfen eingesetzt, die durch die Deutsche Flugsicherung GmbH (DFS) ko ntrolliert werden. Es empfängt, verarb eitet undverteilt regionale und üb erregionaleWetterdaten, die wie folgt klassifiziert werden können:

- landebahnspezifisc heDaten (ANBLF[1]), z. B. Richtung der Landung, Verfügbark eit desInstrumentenlandesystems (ILS),
- flugplatzspezifisc he Wetterdaten (ASDUV[2]), z.B. Windgeschwindigkeiten, Sichtweiten, Sonnenauf- und Untergangszeiten,
- globale Daten (MOTAFW), d.h., Wetterinformationen von anderen Flughäfen.

Die Daten werden zum einen durch auf den individuellen Start- und Landebahnen installierte Sensoren (z.B. Thermo- und Anemometer) generiert, zum anderen durch den Deutschen Wetterdienst (D WD)empfangen.

---

[1] Alphanumerisches Betriebsstufenanzeige- und Landebahnanwahl-F ernwirksystem
[2] Automatisches System zur Wetterdatenerfassung und Verbreitung an Flugwetterwarten

Das IDVS prüft die syntaktische Korrektheit der empfangenen Daten, markiert fehlerhafte Informationen und verteilt diese an die *Working Position Clients* (WP) der Controller im Tower sowie an den Center-Systemen. Erstere sind für das Management der Flugzeuge am Boden zuständig, letztere für in der Luft befindliche Maschinen. Die Fluglotsen sind durch das IDVS in der Lage, fehlerhafte Wetterinformationen zu erkennen und manuell zu korrigieren.

Darüber hinaus generiert das IDVS aus den aktuellen Wetterdaten und weiteren flughafenspezifischen Informationen den *Automatic Terminal Information Service* (ATIS), ein Sprachsignal, das per Funk an die Piloten übertragen wird. Weiterhin werden alle empfangenen und ausgehenden Daten durch das IDVS protokolliert.

Das IDVS selbst wird permanent beobachtet und kontrolliert durch so genannte *Technical Position Clients* (TP), die den Status jeder IDVS-Komponente anzeigen. Diese Klienten befinden sich in der Systemsteuerung und -überwachung (SSÜ) und werden durch technisches Personal bedient.

Abbildung 1 fasst wesentliche Funktionen des IDVS zusammen.

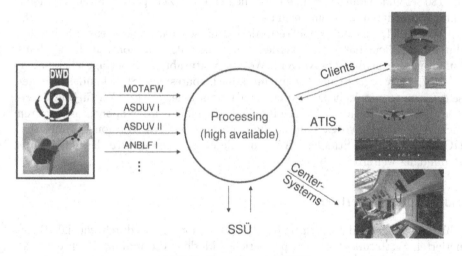

Abb. 1. Datenfluss im IDVS

1.2 Ausfallsicherheit

Die Mehrzahl von Flugverspätungen, gefährlichen Situationen und Unfällen werden durch schlechte Wetterbedingungen verursacht. Allwetterflug ist nur möglich, wenn präzise Informationen über das Wetter am Zielflughafen vorliegen.

Im Falle eines Ausfalls des IDVS existiert ein Ersatzsystem, das so genannte *backup picture*. Um aus der Systemstruktur resultierende Fehler zu vermeiden, ist dieses vollständig alternativ zum IDVS implementiert. Das backup picture realisiert jedoch nur die wichtigsten Funktionen des ID VS,beispielsweise sind mit ihm keine Blindlandungen (*zero sight*) mit Instrumentenlandesystem (ILS) möglich.

Aus diesem Grunde muss das ID VSden folgenden strukturellen Anforderungen bezüglich der Ausfallsicherheit gen ügen:

- jede konstituierende Komponente muss redundant ausgelegt sein,
- Single Point of Failures dürfen nicht existieren,
- Fehlfunktionen und Ausfälle müssen erk annt werden.

Die Maskierung von Ausfällen von gleichzeitig mehr als einer Komponente (Doppelfehler) ist jedoch aus Aufwandsgründen nicht gefordert.

Die Vorgaben bezüglich wesen tlicherParameter, die die Ausfallsicherheit charakterisieren, sind in einer in ternen ID VSRequirement Daten bankdefiniert. Das Gesamtsystem darf nicht mehr als einmal und nicht länger als 120 Sekunden pro Jahr vollständig ausfallen. Über die gesamte pro jektierteLebensdauer des Systems muss eine Verfügbarkeit von 99.999% erreicht werden. Ein einzelner Umschaltv organgzur Maskierung einer fehlerhaften Komponente darf nicht länger als 180 Sekunden dauern, d.h., dies ist die maximale Zeitspanne, die ein Fluglotse ohne Wetterdaten ausk ommenmuss.

Vom DWD ank ommendeWetterdaten müssen nach spätestens 2 Sekunden durch den Client dargestellt werden. Die maximale Reaktionszeit des Systems auf normale Eingaben des Nutzers (Wetter, Statusabfragen) beträgt 4 Sekunden.

Der Bootv organgeines Clients muss nach spätestens 180 Sekunden beendet sein, genauso wie jeglic he Management-Operationen. Sc hranken für die *Maximum Time To Repair* (MAXTTR) einer ausgefallenen Komponente existieren nicht, eine üblic heVorgabe durch die In ternational Civil Aviation Organization (ICAO) beträgt 72 Stunden. Während dieser Zeitspanne wird das ID VSohne Redundanz weiterb etrieb en.

1.3   Aufbau des IDVS

Abbildung 2 zeigt die Struktur des ID VSVersion 2. Die durch den DWD generierten Wetterdaten werden per serieller Modem-Verbindung durch einen so genannten *AB-Switch* (AB01) empfangen, der diese durch mechanische Relays entweder seinem Port A oder Port B zuführt. Die Umschaltung kann manuell, per Ethernet oder serieller Konsole erfolgen, wobei der Zustand im Falle eines Stromausfalls erhalten bleibt.

In einem so genannten *Terminalserver* (TS01/02) erfolgt ein Verpacken der seriellen Daten in TCP-Segmente; jede serielle Verbindung ist einem dedizierten TCP-Port assoziiert. Jedem Terminalserver folgt ein Ethernet-Switch (SW01/02), der jew eilsmit zw eiServ ern,dem jew eilsanderen Switch sowie einem weiteren Switch, der unmittelbar die *Working Position Clients* (WP) im Tower bedient, verbunden ist.

Kernstück der ID VS-Infrastruktursind die beiden sich gegenseitig üb erw a chenden Serv er IH01bzw. IH02. Um Zyklen in der Netztopologie auszuschließen,

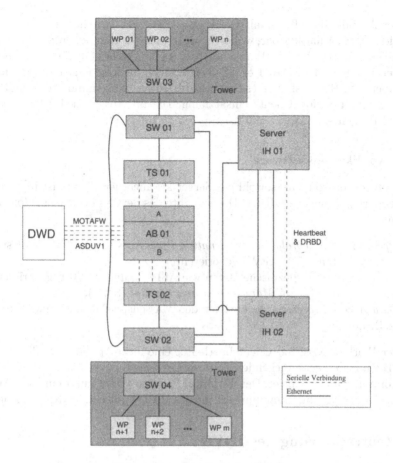

Abb. 2. Prinzipaufbau des IDVS

wird eine Technik namens *Bonding* eingesetzt [1]. Beide Server sind über zwei private Netzschnittstellen direkt miteinander verbunden und überwachen sich gegenseitig. Als Betriebssystem kommt eine auf SuSE-Linux basierende Distribution zum Einsatz. Als Cluster-Software wird Linux Heartbeat genutzt [5], die replizierte Datenbasis wird durch DRBD realisiert [4].

Es werden zwei Typen von Clients unterschieden. Die bereits erwähnten Working Position Clients (WP) befinden sich im Tower und informieren die Controller über alle den Flugbetrieb betreffenden Wetterparameter. Die so genannten *Technical Position Clients* (TP) befinden sich in der zentralen Systemsteuerung und -überwachung (SSÜ) und werden von einem technischen Spezialisten zur Betriebsüberwachung des IDVS eingesetzt.

Die Systeme zur Generierung des ATIS-Sprachsignals wurden zur Vereinfachung der Darstellung fortgelassen, ebenso Router, die das IDVS mit anderen Subnetzen verbinden sowie Druckerhardware. Eine ausführliche Diskussion der Struktur des IDVS enthält [3].

Der Ausfall eines Terminalservers, eines Ethernet-Switches sowie eines Servers des IDVS ist maskierbar, wobei die ausgefallenen Komponenten auch unterschiedlichen Ports (A bzw. B) angehören können. Gleiches gilt für Komponenten des Verbindungsnetzwerkes. Der AB-Switch bleibt auch im Falle eines Stromausfalls operabel. Bei Ausfall eines Switches im Tower bleibt mindestens die Hälfte der Working Position Clients einsatzfähig. Die im Abschnitt 1.2 formulierten Anforderungen sind somit erfüllt.

1.4   Applikationssoftware

Die Applikationssoftware sowohl der Server als auch der Clients ist in Java implementiert und nutzt CORBA. Die Software des Servers besteht aus folgenden Teilen:

- *Operational Meteorological Information Processes* (OPMET), die ortsunabhängige Daten (MOTAFW) generieren,
- Prozesse, die ortsspezifische Daten wie ASDUV und ANBLF generieren,
- ein Server für *System Management and Control* (SMC),
- *Data Access Processes*, die einzigen den Massenspeicher nutzenden Prozesse (z. B. Logging).

Der Working Position Client bearbeitet eine Java-Applikation, die sich via CORBA mit den entsprechenden Prozessen des Servers verbindet und die Wetterinformationen visualisier. Der Technical Position Client nutzt ein Java-Applet in einem Browser und kommuniziert mittels HTTP mit dem SMC (vgl Abb. 4).

2   Zentralisierung des IDVS

2.1   Konzept der Server-Farm

Sowohl die Verarbeitungsleistung der als Server genutzten PCs als auch die Bandbreite der Netztechnologie sind überdimensioniert. Die Round Trip Time des Netzes kann ebenfalls vernachlässigt werden. Aus Sicherheitsgründen werden jedoch trotzdem keine anderen Funktionen im IDVS bearbeitet.

Gegenwärtig ist ein IDVS an allen 17 Towerstandorten in der Bundesrepublik in Betrieb. Da ein Betrieb rund um die Uhr gewährleistet sein sein muss, sind auch entsprechende Reservegeräte an allen Standorten notwendig. Dies zieht beträchtliche Investitions- und Betriebskosten nach sich, die durch das notwendige Personal dominiert werden. Da andererseits die Hardware klar überdimensioniert ist, liegt die Idee nahe, den Betrieb des IDVS zu zentralisieren. Eine vollständige Zentralisierung (1 IDVS für alle 17 Standorte) kommt jedoch aus prinzipiellen Gründen nicht in Betracht.

Stattdessen wird eine partielle Zentralisierung angestrebt: Die Standorte des IDVS sollen in so genannte *Cluster Sites* und *Satellite Sites* differenziert werden, wobei jede Satellite Site genau einer Cluster Site zugeordnet sind und nur an den Cluster Sites technisches Personal zum Management des IDVS angestellt ist.

Es reicht jedoch nicht aus, nur die Technical Position Clients aus den Satellite Sites in die Cluster Sites zu migrieren. Satellite und Cluster Sites sind jeweils an räumlich getrennten Orten lokalisiert. Im Falle eines Defektes muss jedoch sekundenschnelle Reaktion durch technisch geschultes Personal sichergestellt sein; Reisezeiten sind nicht akzeptabel. Daher muss jegliche Serverhardware (sowie die TPs) in den Cluster Sites lokalisiert sein. Die resultierende Struktur wird *IDVS Server Farm* genannt und ist in Abbildung 3 veranschaulicht. Es ist zu beachten, dass die Anzahl der Server nicht verringert wird, deren Kosten ohnehin marginal sind. Die Zentralisierung erlaubt ausschließlich die Reduzierung des technischen Personals, das nun an jeder Cluster Site für das eigentliche Cluster sowie die assoziierten Satellite Sites verantwortlich ist.

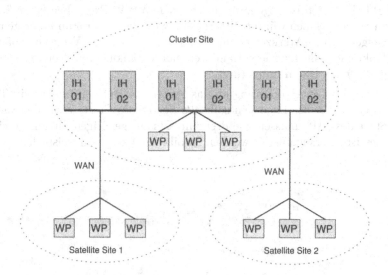

Abb. 3. Struktur der IDVS Server Farm

2.2 Technische Realisierung

Cluster Sites und zugehörige Satellite Sites sind per WAN gekoppelt. Seine Bandbreite ist ein wesentlicher Kostenfaktor und liegt zwischen 256 und 512 kBit/s. Diese vergleichsweise geringe Bandbreite repräsentiert das Hauptproblem bei der Realisierung der IDVS Server Farm. Beispielsweise passieren die Wetterdaten diese Verbindung gemäß Abbildung 2 gleich zweimal: vom Terminal-Server TS0x zu einem Server und danach, aufbereitet, vom Server zu den WP-Clients.

Alle Clients laden sämtliche Betriebssoftware während der Bootphase des Systems vom Server. Beim Start bzw. Restart der Java-Applikation werden Konfigurationsinformationen in Form von XML-Dateien per HTTP vom Server geladen. Darüber hinaus werden bestimmte Informationen für die Controller im Tower im Form großer Bilder von der Homepage des IDVS-Intranets geladen.

Dies würde in bestimmten Situationen zu Überlast auf dem Netz führen, insbesondere, wenn einzelne Clients neu gestartet werden.

Um dieser Gefahr zu begegnen, wird ein im Client-Subnetz lokalisierter Cacheing-Proxy (PX01) vorgeschlagen, der statische Daten, wie Bootimages, Konfigurationsdaten der Clients etc. puffert. Des weiteren agiert er als lokaler Druckserver, um die Übertragung von Druckaufträgen (z. B. Screenshots eines Clients) über das WAN zu verhindern. Der Proxy ist jedoch aus Aufwandsgründen nicht redundant, folglich müssen im Fehlerfalle alle Clients auch direkt mit dem Server kommunizieren können.

Die Nutzung eines einfachen WWW-Proxys wie *squid* ist jedoch nicht möglich, da sehr viele der zu übertragenden Informationen in Form dynamisch generierter HTML-Seiten vorliegen, die durch einen WWW-Proxy bei jedem Zugriff neu vom Server geladen würden. Stattdessen wird das Programm *rsync* genutzt, welches eigentlich ein Werkzeug zum rekursiven Spiegeln von Verzeichnisbäumen ist und inkrementelle Transfers, Bandbreitenbeschränkung und Kompression der zu übertragenden Daten unterstützt.

Eine wesentliche Anforderung an das System besteht darin, dass ein TP in der Cluster Site in der Lage sein soll, *alle* Server des Clusters zu überwachen. Beim Start des SMC müssen alle drei zum Cluster gehörigen Sites in je einem Reiter des Browsers angezeigt werden. Abbildung 4 zeigt ein Beispiel.

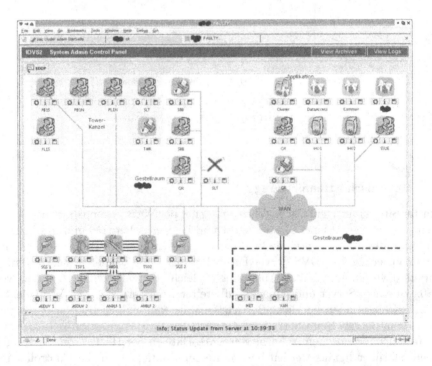

Abb. 4. System Management and Control (SMC) mit mehreren Reitern

Um Störungseinflüsse fehlerhafter Komponenten lokal zu begrenzen, wird das Netz einer individuellen Site in 4 Subnetze strukturiert (*Server, Client, Support, Reserved*), zwischen denen sehr restriktiv geroutet wird. Jedes *Client*-Subnetz hat ausschließlich Verbindung zu seinem korrespondierenden *Server*-Subnetz und umgekehrt.

Des weiteren werden verschiedene Nutzerrollen definiert, die die durch das jeweilige Personal auszuführenden Tätigkeiten reflektieren.

3 Bewertung der Fehlertoleranz

Wie in den vorangegangenen Abschnitten diskutiert, macht die partielle Zentralisierung des IDVS die Einführung eines Proxys in den Clients notwendig, der nicht redundant ausgelegt ist. Der Ausfall des Proxys kann zu kritischen Situationen führen, die im folgenden kurz analysiert werden.

Nachdem ein Client neu gestartet wurde, wird ein Beobachtungsprozess für den Proxy gestartet, der alle 60 Sekunden dessen Aktivität prüft. Fällt der Proxy aus, so wird jeder HTTP-Request des Clients automatisch an den Server weitergeleitet. Damit ist die Weiterarbeit im Fehlerfalle zunächst sichergestellt.

Die Anbindung der Satellite Sites via WAN zieht bei Ausfall des Proxys Einschränkungen nach sich. Zum einen muss für ein Software-Update des Clients der Server umkonfiguriert und der Client neu gestartet werden. Die geringe Datenrate des WAN führt jedoch zu Übertragungszeiten von etwa einer Stunde. In Ausnahmefällen kann dies für einzelne Clients akzeptiert werden. Eine Alternative besteht bei der gewählten Struktur der IDVS Server Farm zunächst nicht.

Nach Abschluss der Boot-Phase startet der WP-Client die Java-Applikation, die ihrerseits zunächst einige Dutzend Konfigurationsdateien lädt. Erfolgt dies über das WAN, verdoppelt sich die Zeit für den Start der Applikation, was akzeptiert werden kann. Problematisch ist der gleichzeitige Start mehrerer Clients: ein empirischer Test mit 6 Clients führte infolge hoher Netzlast zu einer Verzehnfachung der Startzeit, was seinerseits zu einzelnen Timeouts und Fehlschlägen des Hochfahrens führte. In der Praxis muss daher in entsprechenden Situationen (Ausfall der Stromversorgung im Tower) der Administrator für ein serielles Starten der Clients mittels SMC sorgen.

Die maximale Zeit bis zur Erkennung eines Proxyausfalles beträgt eine Minute. Während dieser Zeitspanne sind bestimmte CGI-Skripte und Informationsseiten für den Controller nicht verfügbar. Die eigentlichen Wetterdaten sind davon nicht betroffen, diese werden direkt vom Server bezogen.

Der Proxy wird durch die SMC überwacht; es kann zwischen Software- und Netzausfällen differenziert werden. Der Administrator kann sich auf dem Proxy einloggen, diesen diagnostizieren und einzelne Dienste neu starten. Im Notfall kann der Rechner abgeschaltet, jedoch nicht wieder angeschaltet werden, da er sich an der (entfernten) Satellite Site befindet.

Ein kritischer Fehler im Cluster löst ein Failover aus. Die IDVS Server Farm erhöht die Wahrscheinlichkeit eines solchen Ereignisses nicht, da die eigentliche

Systemstruktur nicht modifiziert wurde und ein Ausfall eines Proxys bzw. von Infrastruktur der Satellite Site keinen kritischen Fehler verursacht.

Es kann geschlußfolgert werden, dass die Modifikation des IDVS Version 2 zur IDVS Server Farm (später *IDVS 3 Remote* die Ausfallsicherheit des Systems nicht beeinträchtigt.

4   Zusammenfassung und Ausblick

Die vorgeschlagene Lösung wurde implementiert und bestand im Januar 2007 die Akzeptanztests der Deutschen Flugsicherung. Etwa 200 verschiedene Testfälle wurden erfolgreich abgearbeitet, nur in einem Fall konnte eine zeitliche Vorgabe nicht erreicht werden. Der detektierte Fehler war jedoch systemimmanent und führte letztendlich zur Änderung der formulierten Anforderung im entsprechenden Akzeptanztest.

Nach Bestehen der Testphase befindet sich das resultierende System *IDVS 3 Remote* in der Erprobungsphase an deutschen Flughäfen. Zunächst erfolgen dort weitere *Site Acceptance Tests*, die sicherstellen, dass die spezifische Konfiguration für jeden einzelnen Flughafen korrekt erfolgte. Danach wird das System für eine gewisse Zeit parallel mit dem Vorgängersystem betrieben, bevor mit dessen Abschaltung die Einführung abgeschlossen ist.

Neben kontinuierlichen Verbesserungen des Gesamtsystems die zum einen auf den in der Erprobungsphase gewonnenen Erkenntnissen beruhen, zum anderen durch die Evolution der genutzten Software bzw. Distribution bedingt sind, wird gegenwärtig eine weitere Zentralisierung der Infrastruktur geplant. Innerhalb einer Server Farm soll ein einziges Serverpaar sowohl die Clients am Clusterstandort, als auch alle angeschlossenen Satellite Sites bedienen. Ein Totalausfall beider Server (Feuer, katastrophale Einwirkung) würde dann jedoch auch die Satellite Sites stören. Diese Fehlerquelle könnte wiederum eliminert werden, wenn *jeder* Serverstandort in der Bundesrepublik in der Lage ist, notfalls jede Cluster- und jede Satellite Site zu bedienen. Ein entsprechendes System befindet sich gegenwärtig im Planungszustand.

Literaturverzeichnis

1. Aron Gresko: Create a Bonded Interface in SUSE Linux Enterprise Server 8. *http://www.novell.com/coolsolutions/feature/15280.html*, 12/08/07
2. Markus Mühlbauer: IDVS Rel. 2 Systemarchitektur. Internes Dokument der DFS GmbH, 2002
3. Ronny Pretzsch: An Ultra-Reliable Client-Server-System for Air Traffic Control. Diplomarbeit, TU Chemnitz, 2007
4. Philipp Reisner: DRBD v8 – Replicated Storage with Shared Disk Semantics. Proceedings of the 12th International Linux System Technology Conference, Hamburg, Oktober, 2005
5. Alan Robertson: Linux-HA Heartbeat Design. Proceedings of the 4th International Linux Showcase and Conference, Atlanta, Oktober, 2000.
6. Dietmar Schäfer: IDVS Handbuch-Technik. Internes Dokument der DFS GmbH, 2006

Kapselung sicherheitskritischer Funktionen in automobilen Steuergeräten

Denis Eberhard

AUDI AG, Entwicklung Fahrwerkelektronik, 85049 Ingolstadt
Denis.Eberhard@Audi.de

Zusammenfassung. Die Kapselung von Software-Teilen von Fahrzeug-Software sicherheitskritischer Systeme ist derzeit nicht üblich. Es werden die Grundlagen der Kapslung beschrieben und abgegrenzt. Exemplarisch wird Speicherschutz hinsichtlich Anforderungen, Autosar-Spezifikationen und Anwendung untersucht. Aus den Unterschieden der Theorie von Kapselung und aktuellen Spezifikation lassen sich Spezifikationslücken bzw. Verbesserungspotentiale für Autosar ableiten.

1 Einleitung

Durch den zunehmenden Anteil von Elektronik im Automobil, nehmen sowohl die Anzahl der Funktionen im Fahrzeug, als auch die Anzahl der Steuergeräte derzeit stetig zu. Der immer größer werdende Platzbedarf, der wachsende Entwicklungsaufwand für die einzelnen Steuergeräte sowie die wachsende Fertigungskomplexität in der Produktion erfordern einen Wandel der System-Architekturen und -verteilungen

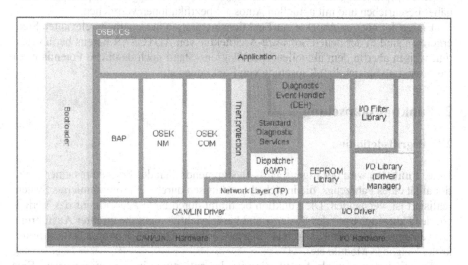

Abb.1. Standardsoftware Core des Volkswagen Konzerns aus [1]

Maßgeblich betroffen von diesem Umschwung sind die Software und die Software-Architektur. Erst mit einer geeigneten standardisierten Software-Architektur ist eine Systemverteilung sinnvoll möglich. Bisher existieren bei fast jedem OEM eigene Standard-Architekturen. Da Software-Architektur aber keinerlei Differenzierung am Automobilmarkt mit sich bringt, ist eine OEM-übergreifende Standardisierung sinnvoll.

Beispielhaft für eine OEM-spezifische Standard Software Architektur zeigt Abbildung 1 den Standardsoftware Core des Volkswagen Konzerns.

1.1 Motivation

Im Bereich der Fahrwerkelektronik, der sich durch besonders sicherheitsrelevante Echtzeitsysteme wie z.B. Bremsen-, Lenkung- und Feder-/Dämpfersteuerungen beschreiben lässt, werden vermehrt mehrere Funktionen auf einem Steuergerät integriert. Dadurch wird der wachsenden Anzahl der Steuergeräte entgegengewirkt, sowie Ressourcen sowohl bei der Entwicklung (Entwicklungskosten) als auch bei der Produktion (Teileanzahl und -vielfalt) eingespart.

Die hohe Sicherheitsrelevanz von Fahrwerksystemen, bei denen Fehlfunktionen zu schweren Unfällen führen können, erfordert erhöhte Aufmerksamkeit bei der Integration mehrerer Funktionen in einem Steuergerät. Es muss ein besonderes Augenmerk auf die Absicherung der zu integrierenden Funktionen gelegt werden, um eine gegenseitige Beeinflussung der Funktionen auszuschließen. Maßstab ist dabei der Stand der Technik bei der Integration nur einer Funktion pro Steuergerät, bei der eine gegenseitige Beeinflussung nur über die Verbindungen über den Kabelbaum (Spannungsversorgung, Bussysteme, Signalleitungen) erfolgen kann.

Im Folgenden wird der Begriff "Kapselung" in diesem Zusammenhang erläutert, sowie exemplarisch eine Methode der Kapselung - grundlegender Speicherschutz - näher beschrieben und mit aktuellen Autosar-Spezifikationen verglichen.

Einige der nötigen Aspekte zur Funktionsintegration in sicherheitsrelevanten Steuergeräten sind in der neuen Software-Architektur von AUTOSAR bereits berücksichtigt, weisen aber in dem aktuellen Spezifikations-Stand noch deutliche Potentiale zur Verbesserung hinsichtlich Kapselung von Funktionen auf.

2 Funktionskapselung

2.1 Begriffsdefinition

Unter **Funktion** wird der Eigenschafts-Bestimmende Teil des Programms einer Funktionalität eines Fahrzeugs, die in sich abgeschlossen durch ein programmiertes System realisiert ist, verstanden. Die Funktion bestimmt durch ihren Algorithmus das Verhalten des Fahrzeugs bzw. des Systems und berücksichtigt nicht die zu ihrer Ausführung notwendige Infrastruktur, wie z.B. Betriebssystem, Treiber, Kommunikationsprotokolle, Diagnose-Module etc.

Funktionen werden als **Applikation** implementiert und im System integriert. Eine Applikation besteht aus einer oder mehreren **Software-Modulen**.

Der Begriff der **Kapselung** ist hauptsächlich im Bereich der objektorientierten Programmierung geläufig. Nach Poetzsch-Heffter [2] ist Kapselung

"[...] eine Technik zur Strukturierung des Zustandsraumes ablaufender Programme. Ziel ist es, durch Bildung von Kapseln mit klar definierten Zugriffsschnittstellen die Daten- und Strukturkonsistenz zu gewährleisten. [...] Kapselung setzt eine Festlegung der Kapselgrenzen und der Schnittstellen an den Kapselgrenzen voraus."

Aber auch im Bereich der Netzwerktechnik wird der Begriff der Kapselung verwendet. Das Free On-Line Dictionary Of Computing [3] unterscheidet daher zwei Definitionen von Kapselung (engl. encapsulation):

"1. The technique used by layered protocols in which a layer adds header information to the protocol data unit (PDU) from the layer above. As an example, in Internet terminology, a packet would contain a header from the physical layer, followed by a header from the network layer (IP), followed by a header from the transport layer (TCP), followed by the application protocol data.
2. The ability to provide users with a well-defined interface to a set of functions in a way which hides their internal workings. In object-oriented programming, the technique of keeping together data structures and the methods (procedures) which act on them."

Die im Zusammenhang mit Fahrzeugfunktionen relevanten Eigenschaften sind mit diesen gängigen Definitionen von Kapselung schon umrissen: Festlegung von Kapselgrenzen, klar definierte Zugriffsschnittstellen an diesen Grenzen, Wahrung der Daten- und Strukturkonsistenz sowie die Bündelung thematisch zusammengehöriger Funktionen zum Zugriff auf die Ressourcen des Zustandsraumes der Kapsel.

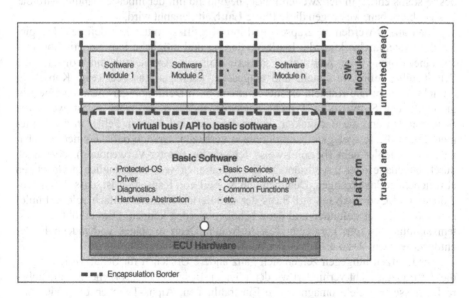

Abb.2. Gekapselte Funktionen auf einem universellen Trägersystem

Darüber hinaus sind aber Mechanismen und Methoden notwendig, die die Kapselgrenzen auch im laufenden Betrieb aufrechterhalten und Konsequenzen aus Verletzungen der Kapselgrenzen ziehen können. Außerdem beinhaltet Kapselung im automobilen Umfeld auch die Zuteilung und Abgrenzung aller anderen Ressourcen, die
über die Daten und Funktionen hinausgehen, wie nachfolgend aufgezeigt wird.

Als Basis für ein System mit gekapselten Funktionen ist ein geeignetes **Trägersystem** bzw. eine geeignete **Plattform** zu verwenden. Abbildung 2 zeigt den Aufbau
eines solchen Trägersystems, bestehend aus der Hardware sowie der nötigen Soft-
ware-Infrastruktur wie Betriebssystem, Treiber usw., auf dem exemplarisch über
einen vereinheitlichten internen Bus mehrere Funktionen als Module integriert sind
(analog zu Autosar). Die ebenfalls dargestellten Schutzgrenzen umranden die zu
schützenden Bereiche und erzeugen somit Kapseln, in denen die Funktionen als Software-Module integriert sind. Generell sind auch andere Software-Architekturen als
Grundlage für gekapselte Systeme denkbar. Einige davon mit Vor- und Nachteilen für
den Einsatz in Fahrzeugsoftware sind in [4] beschrieben.

2.2 Ursachen von Schutzverletzungen

Für die Bildung von Kapseln ist es notwendig zu unterscheiden, welche möglichen
Ursachen Verletzungen der Schutzgrenzen haben können. Daraus abgeleitet ergeben
sich zwei zu unterscheidende Phasen, in denen Verletzungen jeweils verschiedene
Ursachen haben und demnach unterschiedliche Methoden anzuwenden sind, um die
Kapselgrenzen aufrecht zu erhalten.

Die erste Phase ist die Entwicklungsphase (**Bauzeit**), die mit der Inbetriebnahme
des Systems endet. In der zweiten Phase, beginnend mit der Inbetriebnahme, wird das
System betrieben, weswegen diese Phase **Laufzeit** genannt wird.

Zur Bauzeit werden die Kapseln und ihre Zugriffsschnittstellen definiert. Es spielen die Systemarchitektur, die Implementierung und mögliche Implementierungsfeh-
ler eine Rolle. Wird hier keine saubere Software-Architektur mit vollständiger
Schnittstellendefinition erstellt und umgesetzt, kann zur Laufzeit keine Kapselung
erreicht werden. Die Kapseln existieren streng nach Definition gar nicht, da eine Abgrenzung der Software-Teile nicht eindeutig möglich ist. Aber selbst wenn die
Schnittstellen und die Architektur sauber definiert sind, können Fehler in der Implementierung die festgelegten Kapselgrenzen verletzen. Gründe dafür können z.B. ba-
nale Codierfehler sein (beispielsweise fehlerhafte Pointer-Verwendung), aber auch
durch ungenaue oder unvollständige Spezifikationen vom ursprünglichen Gedanken
abweichende Umsetzungen. Dennoch, ein Vorteil von Kapselung ist, dass durch Modultests und Codeanalysen auf Basis der definierten Kapseln einfach solche Imple-
mentierungsfehler gefunden und dann behoben werden können. Dies erhöht die Sys-
temstabilität bei sehr geringem Test-Aufwand. Denn je später vorhandene Fehler
entdeckt werden, desto größer ist der Aufwand diese Fehler zu beheben.

Zur Laufzeit hingegen zeigen sich ganz andere Ursachen für Schutzverletzungen,
die zur Bauzeit nicht verhindert werden können. Besonders hervorzuheben sind äußere Einflüsse wie elektromagnetische Einstrahlungen, Alpha-Teilchen etc., wie auch
statische und transiente Hardware-Ausfälle, die eine Beeinflussung der Programmabwicklung oder der Daten haben können. Somit können beispielsweise bei der Ab-
wicklung einer gekapselten Funktion durch Bit-Kipper der Programm-Zähler oder

Sprungadressen derart verändert werden, dass die Kapselgrenzen verletzt werden. Der häufigste Grund für solche Hardware-Fehler ist Alterung der Bauteile über die gesamte Laufzeit des Systems. Sehr vereinzelt kommen aber auch Produktionsfehler einzelner Bauteile zum Tragen. Diese werden aber meist schon sehr früh auffällig und stehen nicht im Fokus von Funktionskapselung, da sie unabhängig von der eingesetzten Software vorkommen.

Die Methoden und vor allem Prozesse, die zur Bauzeit eine tragende Rolle spielen, sind an sich schon länger bekannt (siehe beispielsweise [5] und [6]). Die konsequente Umsetzung fällt oftmals den immer kürzer werdenden Entwicklungszeiten bei wachsender System-Komplexität zum Opfer. Selbst bei konsequenter Umsetzung kann keine vollständige Kapselung bei sicherheitskritischen Fahrzeugsystemen erzielt werden. Dazu ist eine Überwachung zur Laufzeit auch über die gesamte Laufzeit des Systems notwendig. Genau diese Überwachungen zur Laufzeit sind derzeit nicht üblich in der Fahrzeugsoftware. Nachfolgend wird der Fokus daher auf die Laufzeit gelegt und die Kapselung genauer beschrieben.

2.3 Mechanismen der Kapselung zur Laufzeit

Kapselung umfasst Mechanismen zum Schutz vor allen möglichen Beeinflussungen der Funktion zur Laufzeit. Beeinflussungen entstehen, wenn

- benötigte Ressourcen einer Funktion nicht zur richtigen Zeit zur Verfügung stehen,
- auf fremde Ressourcen zugegriffen wird,
- die korrekte Funktion des Mikrocontrollers nicht mehr gewährleistet ist.

Ressourcen-Konflikte oder -Engpässe entstehen durch eine fehlerhafte und/oder unsaubere Implementierung des Systems. Die Ursachen davon liegen also in der Bauzeit des Systems. Sie werden zur Laufzeit auffällig, wenn die Modultests zur Bauzeit nicht oder nicht korrekt durchgeführt wurden.

Die korrekte Funktion des Mikrocontrollers kann durch sporadische, nicht vorher planbare Einflüsse wie z.B. transiente Hardware-Fehler aufgrund von z.B. Alterung oder Einstrahlung beeinträchtigt werden. Dies führt zu Programmbeeinflussungen und somit zur Beeinflussung der Fahrzeugfunktion selbst. Solche Beeinflussungen sind nicht vorhersagbar und daher auch nicht vermeidbar. Die Auswirkungen solcher Beeinflussungen müssen durch Überwachung der Kapselgrenzen zur Laufzeit erfolgen. Bei sicherheitskritischen Systemen ist dies oft nicht ausreichend. Es sind weitere Überwachungsfunktionen nötig, die Hardware-Fehler schon vor Eintreten einer Schutzverletzung erkennen und das System ggf. herunterfahren. Ein solches Überwachungskonzept ist beispielsweise in [7] beschrieben.

Die Kapselgrenzen lassen sich von der abstrakten System- und Software-Architektur auf elementare Ressourcen des Trägersystems herunter brechen, auf deren Basis eine Überwachung der Kapselgrenzen erfolgen kann. Die elementaren Ressourcen lassen sich einteilen in:

- Speicher (z.B. Programmspeicher, flüchtige und nichtflüchtige Datenspeicher)
- Rechenzeit / CPU-Zeit

- Kommunikationszeit (Daten pro Periode, Sendezeitpunkt)
- Dienste der Basis-Software (z.B. CRC-Berechnung, NVRAM-Management,...)
- Peripherie (IO-Leitungen, Timer, CAN-Controller, ...)

Die Ressourcen sind zur Bauzeit statisch zu planen und durch Modultests möglichst zur Bauzeit schon zu eliminieren (korrekte, saubere Implementierung). Diese Ressourcenzuteilung wird zur Laufzeit des Systems überwacht und kontrolliert. Dadurch werden nicht nur die erwähnten Hardware-Fehler als Ursache von Schutzverletzungen überwacht, sondern auch Implementierungsbedingte Fehler einzelner Software-Module. Durch Modultests sind nicht alle Fehler zur Laufzeit zu erkennen, da häufig an den Schnittstellen Fehler auftreten, besonders, wenn die Software von verschiedenen Zulieferern stammt.

Nachfolgend wird eine dieser Ressourcen betrachtet, der Speicher.

3 Speicherschutzmechanismen

3.1 Voraussetzungen

Speicherschutz lässt sich nur mit Hardware-Unterstützung des Mikrocontrollers sinnvoll realisieren. Dazu muss mindestens eine Memory Protection Unit (MPU) vorhanden sein. Eine funktional mächtigere Memory Management Unit (MMU) ist nicht zwingend erforderlich, kann aber weitere Vorteile bieten.

Eine MPU stellt je nach Prozessor mehrere Registersätze zur Verfügung, in denen Speicherbereiche und Zugriffsattribute definiert werden können. Die Prozessoren unterscheiden sich hinsichtlich der Anzahl der Registersätze, der Granularität der Speicherbereiche und der möglichen Zugriffsoptionen (Lesen, Schreiben, Code-Ausführen, etc.). Die MPU prüft bei jedem (internen) Buszugriff auf Basis der Adresse des Maschinenbefehls ob die Adresse zu den definierten Registersätzen passt und ob der gewünschte Zugriff erlaubt ist, oder nicht. Ist der Zugriff nicht erlaubt wird ein Trap erzeugt und die Programmabwicklung sofort unterbrochen. Die Behandlung der Zugriffsverletzung in der Trap-Routine muss vom Betriebssystem abgedeckt werden.

Die Funktionen der MPU werden von einer MMU auch zur Verfügung gestellt. Meist hat eine MMU sogar mehr Registersätze zur Verfügung, so dass man ohne umkonfigurieren mehr Speicherbereiche mit Attributen versehen kann. Dadurch kann Laufzeit des Betriebssystems eingespart werden, wenn nicht immer eine Umkonfiguration der MMU erfolgen muss. Der wesentliche Unterschied der MMU zur MPU ist aber die Möglichkeit zur virtuellen Adressierung. Dabei werden die Ziel- und Quelladressen einer Funktion in Hardware in virtuelle Adressräume übersetzt. Jede Funktion sieht so nur ihren eigenen Adressraum und ist unabhängig von der realen Adresse, auf die sie zugreift. Die virtuellen Adressräume können sich in ihren virtuellen Adressen überschneiden, ohne dass sich die beiden Funktionen stören, da diese virtuellen Adressen in Hardware auf unterschiedliche reale Adressen übersetzt werden. Der physikalisch erreichbare Adressraum, den eine Funktion erreichen kann, ist durch die Übersetzung in reale Adressen sicher begrenzt. Es ist nicht möglich, auf nicht definierten realen Speicher zuzugreifen, indem nicht benutze Adressen des virtuellen Adressraumes genutzt werden.

Grundlage für die Nutzung von Speicherschutz ist demnach die Festlegung und strikte Nutzung von zu schützenden Speicherbereichen. Die Festlegung der Bereiche mit den entsprechenden Zugriffsrechten sollte unter Berücksichtigung der zur Verfügung stehenden MPU/MMU erfolgen, je nach verfügbarer Anzahl und Granularität der Schutzbereiche sowie der möglichen Zugriffsrechte. Innerhalb dieser Rahmenbedingungen müssen die Zugriffsbereiche für jede zu kapselnde Einheit (Task) im System erfolgen.

3.2 Schutzbereiche

Da die aktuellen Mikrocontroller für automotive Anwendungen nur eine kleine MPU bieten, wenn überhaupt, muss man sich derzeit auf die wichtigsten Schutzbereiche beschränken und kann nicht so granulare Speicherbereiche festlegen, wie vielleicht nötig wären.

Die Definition und Überwachung aller Schutzbereiche erfordert immer einen Teil des Systems, das die Hoheit über alles hat und somit keinen Zugriffsrechten unterliegt. Bei embedded Systems ist das Aufgabe des Betriebssystems und ggf. einiger zusätzlicher Software. Schutzbereiche werden bei Betriebssystemen auf Basis von Tasks definiert. Daher sind Tasks die kleinste schützbare Einheit aus Sicht des Betriebssystems.

Grundlegend können Speicherbereiche anhand der darin abgelegten Datentypen unterschieden werden:

- Programmcode
- Konstanten
- Variablen

Bei den heutigen Mikrocontrollerarchitekturen ist die von-Neumann-Architekur üblich, bei der es nur einen gemeinsamen Adressbereich für Programmcode und Daten gibt. In diesen Adressbereich sind auch die Konfigurations-, Status- und Kontrollregister der Peripherie-Module integriert. Daher kann der Zugriff auf diese Peripherie-Einheiten ebenfalls auf Basis der Zugriffsadressen kontrolliert werden. Zu den Grundlegenden Datentypen ist also hinzuzufügen:

- Konfigurations-, Status- und Kontrollregister

Weiterhin sind die Variablen und Konstanten genauer zu differenzieren. Je nach Gültigkeit der Variablen und Konstanten sind diese

- Task-lokal
- Applikations-übergreifend
- Systemweit.

Außerdem hat bei Verwendung eines Betriebssystems jede Task einen eigenen Stack, der auch praktisch als variable Daten im Adressraum abgelegt wird und nur für die jeweilige Task zugänglich sein darf.

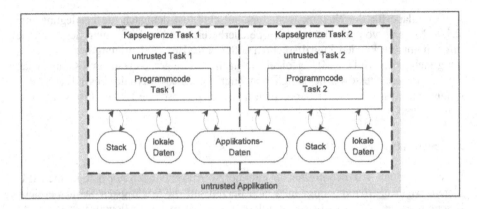

Abb.3. Speicherbereiche und Kapselgrenzen am Beispiel zweier Tasks

Fasst man diese Speicherbereiche nun zusammen, ergeben sich folgende, gegenseitig zu schützenden Speicherbereiche:

- Programmcode, zugeordnet zu den einzelnen Tasks, Zugriffsrechte Lesen und Ausführen für die zugeordnete Task, kein Zugriff für alle anderen Tasks
- Konstanten, zugeordnet zu den einzelnen Tasks, zugriffsrechte Lesen für die zugeordnete Task, kein Zugriff für alle anderen Tasks
- Task-lokale Variablen, Zugriffrechte Lesen und Schreiben für die zugeordnete Task, kein Zugriff für alle anderen Tasks.
- Applikations-übergreifende Variablen, Zugriffsrechte Lesen und Schreiben für alle der Applikation zugeordneten Tasks, kein Zugriff für alle anderen Tasks.
- Systemweite Variablen, Zugriffsrechte Lesen und Schreiben für alle Tasks im System. Allerdings (wie auch bei allen Variablen und Konstanten keine Ausführungsrechte).
- Task-Stacks, Zugriffsrechte Lesen und Schreiben für die zugeordnete Task, kein Zugriff für alle anderen Tasks.

Veranschaulicht sind diese Speicherbereiche in Abbildung 3. Bis auf die System-weiten Daten sind die Speicherbereiche anhand zweier Tasks aufgezeigt, auch wenn nicht explizit zwischen Variablen und Konstanten unterschieden wird. Diese beiden Datenarten sind zusammenfassend einfach als "Daten" bezeichnet.

3.3 Anwendbarkeit anhand aktueller Spezifikationen

Das AUTOSAR Konsortium hat in den Spezifikationen zu der Software-Architektur bzw. in den Spezifikationen der einzelnen Module teilweise schon Mechanismen zur Kapselung vorgesehen und mit spezifiziert.

Speicherschutz ist eine Kernaufgabe des Betriebssystems. Das AUTOSAR-OS in den Skalierungsstufen (scalability class) 3 und 4 ist mit Speicherschutz spezifiziert. Es wird zwischen Daten, Stack und Programmcode unterschieden. Es wird aber nicht gefordert, das alle Tasks Speicherschutz einsetzen müssen. Tasks werden zunächst einer Applikation (Application) zugeordnet. Dieser Applikation wird dann das Attribut "trusted" oder "non-trusted" zugewiesen. Nur bei non-trusted Applications sind Schutzmechanismen aktiviert, also nur dann ist auch Speicherschutz aktiv. Die Speicherbereiche werden dann so definiert, dass eine Task einer non-trusted Application nicht auf die Stacks und Daten der anderen Tasks im System zugreifen kann. Dabei wird nur ein Schreibschutz gefordert, ein Leseschutz ist optional. Der Fall, dass theoretisch diese Datenbereiche als Code interpretiert und ausgeführt werden könnten, wird gar nicht betrachtet.

Der Bereich des Programmcodes wird optional als schützbar bezüglich Ausführung spezifiziert. Schreiben ist hardware-technisch ohnehin nicht möglich, sehr wohl aber das Lesen und Interpretieren als Daten oder Konstanten. Dazu spezifiziert Autosar ebenfalls nichts.

Die aktuelle Spezifikation des Autosar-OS [8] spezifizieren zwar Speicherschutz, aber es sind viele Anforderungen optional und viele Anforderungen im Sinne einer Kapselung sogar gar nicht vorhanden. Betrachtet man nun auch die anderen Spezifikationen der Autosar-Architektur hinsichtlich Speicherschutz, wird man schnell feststellen, dass diese Speicherschutz nicht unterstützen. Schmerzlichstes Beispiel ist die Spezifikation des Runtime-Environments (RTE) [9], die schlichtweg festlegt, dass derzeit kein Speicherschutz unterstützt wird. Die Unterstützung sei aber für ein zukünftiges Release vorgesehen.

Das Resultat daraus ist, dass derzeit in einer reinen Autosar-Architektur kein Speicherschutz möglich ist. Eine Kapselung von Software-Modulen ist demnach erst recht nicht möglich. Es bleiben die zukünftigen Releases abzuwarten, ob Speicherschutz unterstützt werden wird und auch auf welcher Basis. Bis dahin helfen nur eigene, proprietäre Implementierungen jenseits des Autosar-Standards, die die vorhandenen Lücken schließen.

Es ist anzunehmen, dass die Implementierungen des Autosar-OS über die spezifizierten Anforderungen von Autosar hinausgehen und einen erweiterten Speicherschutz anbieten. Denn diese Implementierungen sind speziell für eine Mikrocontroller-Familie umgesetzt und können deren MPU/MMU ideal ausnutzen. Das Autosar-Konsortium kann ohnehin nur diejenigen Features spezifizieren, die von allen Mikrocontrollern mit MPU erfüllbar sind. Aus diesem Grund sind auch einige der Anforderungen optional.

4 Ausblick

Hinsichtlich der praktischen Anwendbarkeit von Kapselung bleibt das nächste Release von Autosar abzuwarten, das dann hoffentlich auch Schutzmechanismen nicht nur im Betriebssystem unterstützen wird. Das ist ein wichtiger Schritt hin zu gekapselten Systemen, die auf allgemein verfügbarer Standard-Software aufsetzen.

Nächster Ansatzpunkt sollte die erweiterte Umsetzung der Speicherschutzmechanismen sein. Es sollten alle optionalen Anforderungen verpflichtend, sowie die noch fehlenden, in diesem Paper beschriebenen Schutzbereiche hinzugefügt werden.

Generell wird bei Autosar nur der Schutz von Applikationen spezifiziert. Die gesamte Basis-Software allerdings umfasst selbst mehr als 40 Module, die nach dem Ansatz von Autosar alle von verschiedenen Software-Herstellern kommen können. Dort besteht genauso die Gefahr, dass das Gesamtsystem durch unerwünschte Zugriffe auf fremde Ressourcen gestört und beeinflusst wird. Kapselung sollte also auch auf diese Software-Module ausgeweitet und so die Anzahl derer Module reduziert werden, denen man komplett vertrauen muss. Dazu sind aber die verwendeten Software-Module von Beginn an für den Einsatz von Kapselung zu entwickeln. Ohne weiteres wird es nicht möglich sein, Kapselung einfach "einzuschalten".

Weiteres Potential zur Verbesserung der Kapselung im Bereich des Speicherschutzes liegt in der Verwendung von MMUs und deren virtuelle Adressierung. Das vereinfacht die Entwicklung von Software-Modulen, die in Kapseln laufen. Der Preis dafür ist steigender Aufwand und Komplexität für das Betriebssystem. Voraussetzung ist aber die Verfügbarkeit von geeigneten Mikrocontrollern mit MMU. Derzeit sind solche Mikrocontroller aufgrund fehlender Nachfrage und der hohen Kosten für die Bereitstellung von MMUs auf den Chips, nicht verfügbar.

5 Literatur

1. Frieß, Krüger, Kubica, Schröder-Preikschat: Konfigurationsprüfung für Standardsoftware mit Hilfe von Merkmalmodellen. In: VDI-Gesellschaft Fahrzeug- und Verkehrstechnik (Hrsg.): VDI-Berichte (12. Internationaler Kongress Elektronik im Kraftfahrzeug Baden-Baden 6./7. Oktober 2005). Bd. 1907. Düsseldorf : VDI, 2005, S. 587-596.
2. Poetzsch-Heffter: Vorlesungsunterlagen Fortgeschrittene Aspekte objektorientierter Programmierung. Wintersemester 2002/03, http://www.informatik.uni-bremen.de/mmiss/lectures_hagen/fasoop.pdf
3. The Free On-line Dictionary of Computing, http://foldoc.org/ , Editor Denis Howe
4. Eberhard: Encapsulation of Software-Modules of Safety-Critical Systems. SAE World Congress 2007, Paper# 2007-01-1485
5. Balzert: Lehrbuch der Software-Technik, Bd. 1.: Software-Entwicklung, Spektrum Akademischer Verlag, Heidelberg, 1996
6. Liggesmeyer, Rombach: Software Engineering eingebetteter Systeme: Grundlagen, Methodik, Anwendung. Spektrum Akademischer Verlag, Heidelberg, 2005
7. Schneider, Brewerton, Eberhard, Kalhammer: Basic Single-Microcontroller Monitoring Concept for Safety Critical Systems. SAE World Congress 2007, Paper# 2007-01-1488
8. Autosar Konsortium: Specification of Operating System, Release 2.0.0, http://www.autosar.org
9. Autosar Konsortium: Specification of RTE Software, Release 2.0, Version 1.0.1 http://www.autosar.org

Echtzeitfähigkeit von Satellitenkompassen in der Binnenschifffahrt

G. Haberkamp und D. Zöbel

Institut für Softwaretechnik (IST), Universitätsstraße 1, 56070 Koblenz

Zusammenfassung. In der maritimen Schifffahrt finden Satellitenkompasse schon seit längerem Verwendung. Nachdem diese Geräte immer erschwinglicher werden, stellt sich die Frage, ob sie auch als Multisensoren für Telematikanwendungen in der Binnenschifffahrt geeignet sind. Im Rahmen einer umfassenden Untersuchung wurde auch die Fragestellung untersucht, wie zeitnah die Sensorinformationen verfügbar werden. Es wurde ein Versuchsaufbau entwickelt, der es ermöglicht, Satellitenkompasse auf ihre Echtzeitfähigkeit hin zu überprüfen. Das vorliegende Papier beschreibt den entwickelten Versuchsaufbau, dokumentiert die Ergebnisse und gibt einen Ausblick auf Verbesserungspotenziale.

1 Einleitung

Bei der täglichen Arbeit hat ein Schiffsführer in der Binnenschifffahrt viele Aufgaben zu bewältigen. Jede Möglichkeit, Komplexität zu reduzieren oder Sachverhalte schneller und einfacher erfassbar zu machen, stellt eine Verbesserung dar. Einen Beitrag dazu leistet die elektronische Flusskarte (*Inland Electronic Chart and Display System* oder kurz *Inland ECDIS*). In diesem System wird dem Radarbild eine farbige, elektronische Flusskarte unterlegt (**Abb. 1**). Dadurch wird es für den Schiffsführer einfacher, die aktuelle Verkehrssituation richtig einzuschätzen. Inland ECDIS benötigt vorrangig zwei Informationen: Die aktuelle Position des Schiffes und seine Ausrichtung (*Heading HDT*). Während die Position bisher schon von einem GPS-Empfänger geliefert wird, muss die Heading noch in einem aufwändigen Radarbild-Map-Matching Prozess berechnet werden. Diese Berechnung funktioniert in einigen Situationen nicht zufriedenstellend. Das kann dazu führen, dass die Karte dann nicht deckungsgleich mit dem Radarbild liegt.

Satellitenkompasse, als Multisensoren mit Schwerpunkt Heading und Drehgeschwindigkeit (*rate of turn ROT*), könnten hier einen Beitrag leisten, wenn sie sich als exakt und zuverlässig erweisen. In diesem Rahmen fand in der Fachstelle für Verkehrstechniken der Wasser- und Schifffahrtsverwaltung (*FVT*) eine umfangreiche Untersuchung statt.

Diese Arbeit widmet sich in Abschnitt 2 zunächst der GPS-Positionsbestimmung und ihren Eigenschaften. Satellitenkompasse setzen in unterschiedlicher Weise auf der GPS-Technik auf, wie in Abschnitt 3 erläutert wird.

Abb. 1. Steuerstand

In Abschnitt 4 wird dann der Versuchsaufbau beschrieben, mit dem die zeitlichen und örtlichen Abweichungen der Kompass-Informationen präzise vermessen werden können. Eine exemplarische Bewertung der Messergebnisse findet im Abschnitt 5 statt, bevor im Abschnitt 6 eine zusammenfassende Bewertung erfolgt und diskutiert wird, wie ein verbessertes Aufbau- und Messkonzept aussehen könnte.

2   Eigenschaften der GPS-basierten Positionsbestimmung

Um zu verstehen, wie Satellitenkompasse funktionieren, ist es hilfreich, Grundlegendes über Satellitennavigationssysteme, insbesondere das *Global Positioning System (GPS)*, zu wissen. Da das europäische Projekt Galileo nocht nicht umgesetzt ist, sind die beiden wichtigsten verbleibenden Systeme das amerikanische GPS und das russische GLONASS. Letzteres wurde in dieser Untersuchung nicht benutzt, somit beschränken sich die folgenden Ausführungen auf GPS.

2.1   Ablauf einer GPS Positionsmessung

Voraussetzung für eine zeitnahe Positionsbestimmung ist, dass die Initialisierung abgeschlossen ist. Während der Initialisierung wird u.a. analysiert, welche Satelliten (*satellite vehicles* oder ab jetzt *SV*) zur Zeit nutzbar sind. Der sogenannte Almanach, der vorausberechnete Informationen darüber enthält, wo sich jedes SV befindet wird ggf. aktualisiert, und mit den tatsächlichen Positionen der SVs, die als Teil der Ephemeris-Information von jedem SV ausgesandt werden, abgeglichen. Ebenso wird die Empfängeruhr mit den atomgenauen Uhren der SVs synchronisiert. Diese Zeitspanne wird als *time to first fix (TTFF)* bezeichnet. Sie dauert je nach Situation und eingesetztem Gerät zwischen zehn Sekunden und mehreren Minuten.

Die Bestimmung der aktuellen Position mithilfe der Triangulation lässt sich mathematisch zurückführen auf mehrere exakte Laufzeitmessungen. Jedes SV sendet permanent ein Navigationssignal. Das Navigationssignal besteht aus einer Trägerfrequenz (ca. 1,5 GHz) dem ein *Pseudo Random Code (PRN, ca. 1 MHz)* aufmoduliert ist. Dieser PRN Code ist für jedes SV eindeutig und es ist bekannt, wann welcher Codeabschnitt das SV verlässt.

Der GPS-Empfänger wertet die Navigationssignale von mehreren (mindestens 4) SVs gleichzeitig aus und generiert intern deren PRN Codes. Durch einen Komparator kann die Signallaufzeit vom SV zum Empfänger bestimmt werden. Aus diesen Messungen kann nun die Position des Empfängers genau berechnet werden. Dabei werden Messungen unter Nutzung des PRN Codes *code phase measurements* und bei Verwendung der Trägerfrequenz *carrier phase measurements* genannt [1].

2.2 Genauigkeit und Fehlerquellen von GPS

Auf dem Weg vom SV durch die Erdatmosphäre zum Empfänger und im Empfänger selbst unterliegt das Signal einigen Störeinflüssen und Fehlerquellen. Dieser Abschnitt gibt einen kurzen Überblick, für tiefergehende Details siehe [1]. Direkten Einfluss auf die gemessene Signallaufzeit hat der Versatz der Satelliten- und Empfängeruhren (*clock bias*). Auf dem Weg durch die Erdatmosphäre wird der PRN Code abgebremst. Die Trägerfrequenz wird in der Troposphäre verzögert, während sie in der Ionosphäre beschleunigt wird (*atmospheric delay*). Einen grossen Einfluss haben Signalreflektionen, die zu verfälschendem Mehrwegeempfang (*multipath*) führen. Ebenso können die Messwerte durch die Empfängerhardware beeinflusst werden. Allgemein wird der gesamte Zeitversatz zusammengefasst als *user equivalent range error (UERE)*.

Auch bei einem idealen Signal gibt es immer noch systemimmanente Fehlerquellen, die durch intelligentes Empfängerdesign behandelt werden müssen. Dazu gehören z.b. die Erdrotation während einer Messung (*Sagnac effect*) oder die Dopplerfrequenz, die durch eine Bewegung von SV und Empfänger zueinander entsteht. Alle diese Fehlerquellen können sich in einer worst case Betrachtung theoretisch summieren auf einen UERE von ca. 7 Metern.

Als *dilution of precision (DOP)* bezeichnet man jene Verschlechterung der Positionslösung, die auf eine veränderte geometrische Konstellation der SVs im Orbit zurückzuführen ist. Sie wird meist eingeteilt in eine Skala von 1 (sehr gut) bis 4 (sehr schlecht), extremere Werte sind möglich.

Die theoretische, maximale Positionsungenauigkeit selbst berechnet sich dann aus der DOP multipliziert mit dem UERE. In der Praxis reduzieren sich die Ungenauigkeiten auf den bekannten Bereich von 2-3 Metern, in unseren Untersuchungen bei guten Satellitenkonstellationen auf 1-3 Meter.

2.3 Ergebnisse der Positionsmessungen

Ziel dieser Messungen war es, die Qualität der Kompasse als GPS-Positionsempfänger zu beurteilen. Dazu wurden Geräte verschiedener Hersteller zunächst auf einer Dachterasse montiert. Die Ergebnisse der mehrtägigen Messungen wurden mit den geodätisch vermessenen Positionen der Montageorte verglichen. **Abb. 2 (a) und (b)** zeigen beispielhafte Ergebnisse, denen zu entnehmen ist, dass die Geräte durchaus unterschiedliche Eigenschaften haben: Während Gerät (a) weniger streut und die Position mit ca. 2 cm auflöst, hat Gerät (b) eine geringere Auflösung (ca. 20 cm) und eine weit größere Streuung.

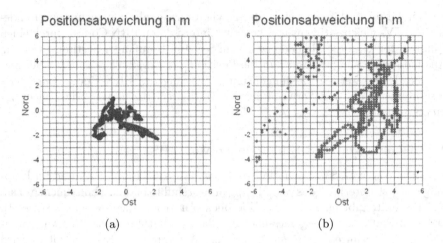

(a)   (b)

Abb. 2. Vergleich der Positionsabweichungen

Um die eingeschränkte Satellitensichtbarkeit in einem engen Flusstal zu simulieren, wurde bei einem der Geräte schrittweise die *Elevationsmaske* verändert. Dieser Parameter weist den Satellitenkompass an, SVs die unterhalb eines bestimmten Winkels zum Horizont sichtbar sind, zu ignorieren. **Abb. 3** zeigt die Streuung der Heading bei einer Elevationsmaske von 10° (a) bzw. 50° (b) – dem maximal einstellbaren Wert.

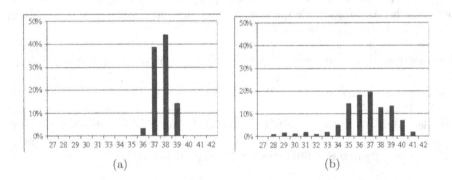

(a)   (b)

Abb. 3. Einfluss der Elevationsmaske auf die Streuung der Heading

3   Satellitenkompasse

Ein GPS-Kompass ist grundsätzlich ein GPS-Empfänger mit 2-3 Antennen, der durch Vergleich von Messergebnissen, ggf. unterstützt durch zusätzliche Sensorinformationen mehrere Navigationsinformationen, zumindest aber die Heading bestimmen kann. Prinzipiell kann ein solches System aufgebaut sein wie in **Abb. 4**: Die GPS-Messungen werden über einen Kalman-Filter verglichen mit den Informationen der Zusatzsensoren (*inertial measurement unit IMU*), sowie der aus der Historie abgeleiteten Fehlerschätzung.

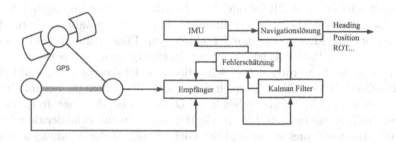

Abb. 4. Schematischer Aufbau GPS-Kompass, angelehnt an [2]

Unter den Systemen am Markt lassen sich mindestens zwei unterschiedliche Lösungen ausmachen:

- Laufzeitmessung der Trägerphasendifferenz (*Interferometrie*) und
- Bestimmung der Heading aus zwei gleichzeitigen Positionsberechnungen.

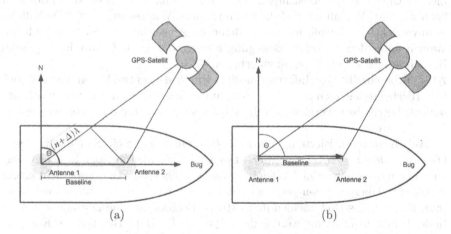

Abb. 5. Funktionsweise GPS-Kompasse

Abb. 5 zeigt schematisch das Prinzip einer einzelnen Messung für den Fall der Trägerphasendifferenz (Variante (a)), und der zwei gleichzeitigen Positionsbestimmungen (Variante (b)). Bei der Nutzung der Trägerphasendifferenz messen zwei Antennen gleichzeitig die Signallaufzeit zum selben Satelliten. Wie in **Abb. 5 (a)** zu erkennen, legt dabei das Signal zu Antenne 1 einen längeren Weg zurück als zu Antenne 2. Aus diesem Unterschied lässt sich aus dem Sichtvektor zum Satelliten und der Verbindungslinie der Antennen (*Baseline*) die Orientierung des Schiffes berechnen [3],[4]. Diese Berechnungen werden für mindestens 5, wenn möglich für 7 Satelliten durchgeführt. Ein Vorteil dieser Methode ist die um Faktor 1000 kürzere, d.h. genauere Wellenlänge (ca. 19 cm) im Vergleich zum sonst verwendeten PRN-Code. Der Nachteil ist, dass der Signallaufzeitunterschied mehrere Wellenlängen umfasst, deren genaue Zahl man ermitteln muss, da der GPS-Empfänger nur Bruchteile von Phasen unterscheiden kann. Die Lösung dieses Problems ist als *integer ambiguity resolution* bekannt.

Bei Variante (b) werden zwei gleichzeitige Positionsbestimmungen mit Hilfe des PRN-Code durchgeführt. Es spielt dabei keine Rolle, dass die bestimmte Position dabei um 2-3 Meter abweichen kann. Da es sich bei der Lage im Raum um eine relative Aussage handelt, ist nur wichtig, dass man aufgrund der räumlichen Nähe der Antennen zueinander und der Gleichzeitigkeit der Messungen annehmen darf, dass die Messungen den gleichen Abweichungen unterliegen und sich somit viele der in 2.2 genannten Fehler eliminieren.

Zur Unterstützung besitzen praktisch alle Geräte Zusatzsensoren (IMUs) wie z.B. Magneto- Accelero- oder Gyrometer. Die Geräte unterschieden sich u.a. in Anzahl und Auswahl der einzelnen Sensoren[1].

4   Entwicklung des Versuchsaufbaus

Ziel der Untersuchung hinsichtlich des Echtzeitverhaltens war es, zwei Fragen zu beantworten: „Wie alt ist die Information?" und „Wie genau ist sie?" Deshalb ist es unverzichtbar, die zeitlichen und örtlichen Abweichungen der Sensorinformationen unter den typischen Bewegungsformen, denen die Geräte im regulären Betrieb ausgesetzt sind, genau zu erfassen [5].

Abb. 6 beschreibt den Informationsfluss durch den entwickelten Versuchsaufbau. Hierbei bezeichnen t_{Ref}, t_{DuT} Zeitpunkte zu dem die Information eine Komponente betritt bzw. verlässt, TR die Triggerelektronik, E die Eventeingänge und T die Zeitstempelvergabe.

Auf einem motorisiertem Drehtisch *(Referenz Ref)* ist ein Satellitenkompass *(Device under Test, DuT)* montiert. Der Drehtisch wird aus der Ruhelage heraus auf eine bestimmte Zieldrehgeschwindigkeit gebracht. Dies entspricht einem simulierten Übergang von geradem Kurs in eine Kurvenfahrt. Sowohl die Referenz, als auch das DuT melden ihre aktuelle Position an eine Zeitnahme weiter. In der Datenaufzeichnung werden die Zeitstempel und die Heading des Kompasses protokolliert, sowie der Referenzwinkel aus der Anzahl der Winkelinkremente berechnet. Aus den so gewonnenen Daten lassen sich die o.g. Fragen beantworten.

Dabei stand u.a. folgendes Problem zur Lösung an: Die Kommunikation der Geräte ist asynchron, d.h. das DuT liefert die eigene Heading in einem festen Rhythmus, hier z.B. mit 10 Hz. Der Drehtisch, ergänzt um einen Winkelgeber, liefert genau dann eine Winkelangabe, wenn das nächste Winkelinkrement durchschritten wird. Die Aktualisierungsrate hängt also allein vom Bewegungsmuster

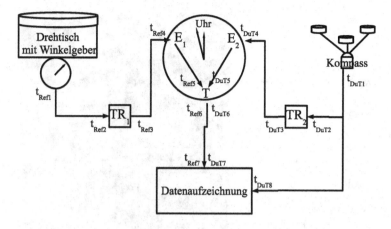

Abb. 6. Versuchsaufbau Echtzeituntersuchung

und der Auflösung des Winkelinkrements ab. Dieses Problem wurde durch eine hochgenaue Uhr als gemeinsame Zeitbasis gelöst. Die Uhr ist in der Lage, Events, die über zwei unabhängige Kanäle kommen können, Zeitstempel zuzuordnen.

4.1   Realisierung des Versuchsaufbaus

In der FVT war ein Drehtisch vorhanden, bisher vorrangig für Baumuster-prüfungen von Wendegeschwindigkeitsanzeigern für die Binnenschifffahrt ein-gesetzt. Der Drehtisch wurde um einen Sockelkasten ergänzt, der die weiteren Bauteile aufnahm. Die Präzisions-Uhr verfügt über einen hochstabilem Oszilla-tor, synchronisiert mit den Atomuhren des GPS-Systems. An die Antriebswelle des Drehtellers wurde 13-Bit-Winkelgeber mit einer Auflösung von bis zu 0,044° angeflanscht. Es wurde eine Triggerelektronik entwickelt, die einerseits die ge-lieferten Informationen in TTL-Pegel umwandelt und andererseits den Even-teingang kurzzeitig für die Dauer des Kompass-Datentelegramms blockiert, um falsche Ereignisse zu vermeiden. **Abb. 7** zeigt den fertigen Umbau.

4.2   Genauigkeit der zeitlichen Zuordnung

Die Uhr ist in der Lage, für Ereignisse mit einer Auflösung von 0,1 Mikrose-kunden, Zeitstempel auf einer seriellen Schnittstelle auszugeben. Essentiell für eine korrekte Messung ist die richtige Zuordnung der DuT-Zeitstempel zur DuT-Heading. Dies wurde dadurch gelöst, dass das am Kompass eingestellte Daten-telegramm eine Zeitangabe enthielt und die Wiederholrate von 10 Hz eine ein-deutige Zuordnung erlaubte.

Ebenso zu berücksichtigen sind eventuelle Zeitverzögerungen, die die gemes-senen Daten im Versuchsaufbau erfahren. Die Gesamtverzögerung durch alle elektrischen Leitungen und Bauteile lässt sich mit 15 Nanosekunden nach oben abschätzen und gilt symmetrisch sowohl für das DuT als auch für die Referenz.

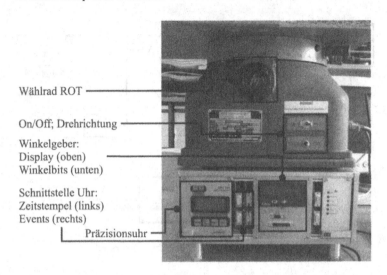

Wählrad ROT

On/Off; Drehrichtung

Winkelgeber:
Display (oben)
Winkelbits (unten)

Schnittstelle Uhr:
Zeitstempel (links)
Events (rechts)

Präzisionsuhr

Abb. 7. Realisierter Versuchsaufbau

Wesentlich größer ist die Verzögerung bei der Informationsverarbeitung in der Datenaufzeichnung. Diese liegt im Bereich von mehreren 10 Millisekunden. Sie wirkt sich allerdings nicht auf die Messdaten aus, da die Zeitstempelzuordnung bereits vor der Datenaufzeichnung stattfindet.

5   Exemplarische Bewertung eines Satellitenkompasses

Aufgrund von nötigen Kompromissen beim Drehtischumbau konnten die Versuche nur mit einem der zur Verfügung stehenden Kompasse durchgeführt werden. Dieses Device under Test arbeitet nach dem interferometrischen Funktionsprinzip (s. **Abb. 5(a)**). Dennoch ließen sich auch mit nur einem Gerät interessante Erkenntnisse gewinnen.

Im Regelfall, wie in **Abb. 8** zu sehen ist, zeigt die Heading ein Grundrauschen im Bereich von +/- 1°. Sobald sich das System in Bewegung setzt, können die IMUs die Lösungssuche unterstützen, und die Abweichungen werden geringer. Der Zeitverzug, mit dem das DuT auf die Referenz reagiert, liegt im Bereich von 200 - 300 ms. **Abb. 8 (b)** zeigt einen Ausschnitt vom Beginn der Drehtischbewegung.

Abb. 9 (a) zeigt eine Situation, in der das DuT an seine Grenzen stößt. Der Drehtisch wurde, jeweils aus dem Stillstand, mit stufenweise abnehmender Drehgeschwindigkeit bewegt. Während zu Beginn der Messung bei hohen Drehgeschwindigkeiten das DuT der Referenz gut folgte **Abb. 9 (b)**, driftete die Heading bei sehr kleinen Drehgeschwindigkeiten um bis zu 3° ab **Abb. 9 (c)**. Hier zeigt sich der Einfluss der Zusatzsensoren: Hohe Drehgeschwindigkeiten werden gut registriert, sehr geringe gehen jedoch im Grundrauschen unter.

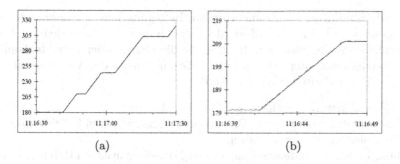

(a)   (b)

Abb. 8. Typische Headingabweichung

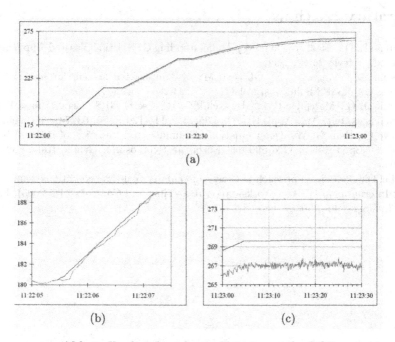

(a)

(b)   (c)

Abb. 9. Headingabweichung abhängig von der ROT

6   Zusammenfassung und Ausblick

In dieser Arbeit wurden verschiedene Konzepte von Satellitenkompassen vorgestellt. Es wurde ein Messaufbau beschrieben, der es ermöglicht, Satellitenkompasse auf ihre Echtzeitfähigkeit hin zu überprüfen. Es wurden exemplarische Ergebnisse präsentiert und bewertet.

Insgesamt lässt sich festhalten, dass die Kompasse in den Bereichen, für die sie konstruiert wurden, im erwarteten Rahmen funktionieren. Abweichungen ergeben sich dann, wenn man diesen Rahmen verlässt. Ebenso hängt die Qualität der Ergebnisse davon ab, ob die typischen Bewegungsmuster während des echten Einsatzes auch für die Kalibrierung benutzt wurden. Unter den gegebenen Rahmenbedingungen war es nicht möglich, die Grenzen der Satellitenkompasse vollständig auszuloten. Um das zu erreichen, müsste der Versuchsaufbau in folgenden Eigenschaften verbessert werden:

– Anpassbarkeit an verschiedene Devices under Test
– Unterstützung von höheren Drehgeschwindigkeiten - mind. 2000°/min
– Signalisierung der Drehrichtung
– Bündelung des Zeitstempels und der DuT-Heading in einem Datentelegramm um den Aufwand im Post Processing zu reduzieren

Literaturverzeichnis

1. Kaplan E. D., Hegarty C. J. (Ed.): Understanding GPS: Principles and Applications, 2nd ed. Artech House, 2006.
2. Godha S., Cannon M. E., GPS/MEMS INS integrated system for navigation in urban areas. GPS Solutions, Vol 11(3), S.193-203. Springer, 2007.
3. Garcia J. G., Mercader P. I., Muravchik C. H., Use of GPS Carrier Phase Double Differences. Lat. Am. Appl. Res., Vol.35(2), S.115-120. ISSN 0327-0793, 2005.
4. Kreye C., Hein G. W., Determination of azimuth and elevation of inclined bodies with GNSS. Proc. of GNSS99 3rd European Symposium, Genua, Italy, Oct. 5-8, 1999.
5. Zöbel D., Canonical approach to derive and enforce real-time conditions. Euromicro, 1st International ECRTS Workshop on Real-Time and Control (RTC 2005), Palma de Mallorca, Juli, 2005.